Bien dit! 1

Cahier de vocabulaire et grammaire

HOLT McDOUGAL

HOUGHTON MIFFLIN HARCOURT

Contributing writer
Dianne Harwood

Reviewer
Christine Schiller

ISBN   978-0-03-079721-7
ISBN   0-03-079721-7

21 22 23 24 25   0868   15 14 13
4500424001

Table of Contents

Nom _____ Date _____ Classe _____

Salut, les copains!

1 Choose the correct meaning for each French expression.

_____ 1. Au revoir.
    a. See you later.   b. Good evening.   c. Goodbye.

_____ 2. À demain.
    a. Hello.   b. See you tomorrow.   c. See you soon.

_____ 3. Salut.
    a. Goodbye.   b. See you tomorrow   c. Good evening.

_____ 4. Bonsoir.
    a. Good evening.   b. Goodbye.   c. See you later.

_____ 5. Bonjour.
    a. Good morning.   b. See you soon.   c. Good evening.

2 Raphaël's friends are getting ready to leave his party. Can you think of a different way to say goodbye that each of these friends might use?

1. Alexandre: _____

2. Chloé: _____

3. Nicolas: _____

4. Mélodie: _____

5. Mathilde: _____

3 Today is the first day of school and you are getting to know your teacher and classmates. Choose the phrase that you would use in each situation.

_____ 1. To say hello to your new teacher

_____ 2. To introduce yourself

_____ 3. To ask a friend how he/she is doing today

_____ 4. To ask the name of a boy in class

_____ 5. To tell someone your sister's name

a. Comment ça va?
b. Comment tu t'appelles?
c. Comment il s'appelle?
d. Je m'appelle...
e. Bonjour, Madame/Monsieur.
f. Elle s'appelle...

VOCABULAIRE 1 CHAPITRE **1**

4 Read the descriptions, then tell how each person would respond to the question
Ça va? based on how you think the person is feeling.

    MODÈLE Mademoiselle Laurent won a teacher of the year award.
            Très bien.

  1. Philippe sprained his ankle at soccer practice. _____

  2. Sabine is excited about her birthday party tonight. _____

  3. M. Girard is feeling a little bit sick today. _____

  4. Jacques just ripped his brand new t-shirt. _____

  5. Mathilde passed her driver's test on the first try. _____

  6. The cafeteria is serving Marina's favorite today. _____

5 Write out the number in French to tell how many items are in each box.

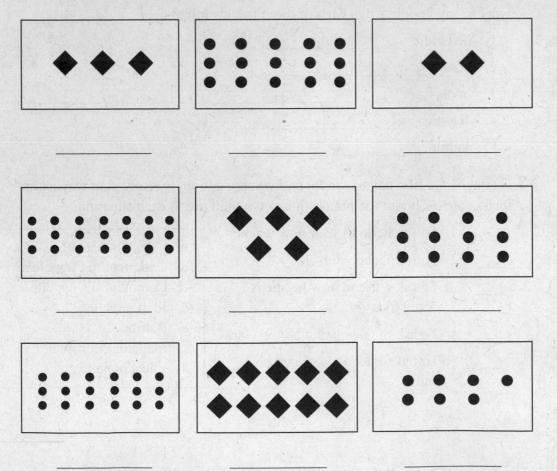

6 Write out the numbers in the following math problems in French, along with the numbers for the correct answers.

   MODÈLE 2 + 3 =   **deux + trois = cinq**

   1. 27 – 10 = _____

   2. 19 – 1 = _____

   3. 11 + 12 = _____

   4. 28 – 6 = _____

   5. 16 + 4 = _____

   6. 22 – 9 = _____

   7. 7 x 4 = _____

7 Choose the correct completion for each of the following sentences.

   _____ 1. À tout à _____.
      a. demain   b. merci   c. l'heure

   _____ 2. Oui, ça va _____.
      a. moins   b. bien   c. amie

   _____ 3. Comment allez-_____?
      a. vous   b. toi   c. bien

   _____ 4. Je vous présente _____. C'est une amie.
      a. toi   b. Rebecca   c. tard

   _____ 5. Tu as quel_____?
      a. ans   b. appelle   c. âge

   _____ 6. C'est un _____.
      a. ans   b. présente   c. ami

   _____ 7. Elle a quinze _____.
      a. âge   b. ans   c. quel

8 You are listening to people talk on their cell phones. You can only hear one side
of the conversations, so imagine a logical question for each response.

1. — _____

— Elle a quinze ans.

2. — _____

— Il s'appelle François.

3. — _____

— Pas mal, et toi?

4. — _____

— J'ai seize ans.

5. — _____

— Très bien, merci. Et vous?

9 Laure's pen pal, Marius, is visiting from Senegal. Fill in the blanks in this
conversation between Laure, Marius, and Juliette, Laure's friend.

Laure Juliette, _____ Marius. C'est

un ami.

Juliette _____ Marius !

Marius _____ Juliette !

Comment ça va?

Juliette _____. Et toi?

Marius Très bien, merci.

Juliette _____ ?

Marius J'ai quatorze ans. _____ ?

Juliette _____ quinze ans.

Laure Au revoir, Juliette.

Juliette _____.

Salut, les copains!

Subjects and verbs

- The **subject** of a sentence is the person or thing that is doing the action or that is being described. It can be a noun or a pronoun. (A pronoun is a word that replaces a noun, like **je, tu, il, elle,** and **vous.**)

  Je te présente Marie-Ange.   **Elle** a dix-sept ans.
  I'd like to introduce you to Marie-Ange.   ***She** is seventeen years old.*

- The **verb** is the action the subject is performing or the word that links the subject to a description.

  Je vous **présente** Ahmed.   C'**est** un ami.
  *I'd **like to introduce** you to Ahmed.*   *He **is** a friend.*

---

10 Subject or verb? Is the underlined word in each sentence the subject or the verb? Underline the correct answer.

  1. <u>Je</u> vous présente Lisette. (subject / verb)

  2. Comment <u>tu</u> t'appelles? (subject / verb)

  3. Salut, Lisette, je m'<u>appelle</u> Morgane. (subject / verb)

  4. <u>Lisette</u> a quel âge? (subject / verb)

  5. Elle <u>a</u> 16 ans. (subject / verb)

  6. Comment ça <u>va</u>, Morgane? (subject / verb)

  7. <u>Il</u> s'appelle Edgar. (subject / verb)

11 Unscramble the following phrases. Be sure to capitalize the first word of the sentence and add punctuation when necessary.

  MODÈLE a / seize ans / elle   Elle a seize ans.

  1. t'appelles / tu / comment _____

  2. quatorze ans / ai / j' _____

  3. il / quel âge / a _____

  4. s'appelle / Marius / il _____

  5. je / Francine / m'appelle _____

  6. vous / comment / allez- _____

  7. une / c'est / amie _____

GRAMMAIRE 1   CHAPITRE **1**

Subject pronouns in French

je/j'	I	**nous**	we
tu	you (one person who is a friend, a family member, someone your own age, or a child)	**vous**	you (plural or formal for one person)
il	he	**ils**	they (all masculine or mixed group of males and females)
elle	she	**elles**	they (all female)
on	we, they/people in general, one		

---

12 Would you use **tu** or **vous** to speak to the following people?

    1. Your little brother _____

    2. Your piano teacher _____

    3. Three friends you see in the hallway _____

    4. The school principal, Madame Simon _____

    5. A boy in your history class _____

    6. The 4-year-old girl that you babysit _____

    7. Your new neighbors M. and Mme Rousseau _____

13 Everyone is helping to plan a surprise party for Guillaume. Which French pronoun would you use to replace the underlined subjects?

    1. <u>Valérie and Amélie</u> are blowing up balloons. _____

    2. <u>Baptiste</u> is choosing which CDs to play. _____

    3. <u>Amandine, Tristan, and Denis</u> are putting out the snacks. _____

    4. <u>Charlotte</u> is filling glasses with ice. _____

    5. <u>Florian and Adrien</u> are hanging the decorations. _____

    6. <u>You and your cousin</u> are setting up chairs. _____

    7. <u>My brother and I</u> are watching out the window for Guy. _____

14 Circle the item in each list that doesn't belong.

1. une fille	un prof	une porte	un garçon
2. un poster	un bureau	une table	une chaise
3. un ordinateur	un lecteur de DVD	un livre	une télévision
4. une carte	une chaise	un poster	un tableau
5. un tableau	un CD	une porte	une fenêtre
6. un ordinateur	un DVD	un poster	un CD

15 Where would you find the following classroom items?

un ordinateur	**une chaise**	**un poster**
une porte	**un CD**	**un bureau**
une télévision	**une carte**	**une fenêtre**
un lecteur de DVD	**un tableau**	**un lecteur de CD**
une table	**un DVD**	**un livre**

On a Wall?	On the Floor?	On a Table/Desk?

16 Tell whether the following sentences are **vrai** (*true*) or **faux** (*false*) according to what you see in the photo below.

_____1. Il y a une fenêtre dans la salle de classe.

_____2. Il n'y a pas d'élève dans la salle de classe.

_____3. Il y a des posters.

_____4. Il n'y a pas de télévision.

_____5. Il n'y a pas de chaise dans la salle de classe.

_____6. Il n'y a pas d'ordinateur.

_____7. Il n'y a pas de fille dans la salle de classe.

_____8. Il y a des garçons.

17 Maddie isn't sure what these classroom commands mean. Help her out by matching each French command to its English meaning.

_____ 1. Allez au tableau!

_____ 2. Fermez vos cahiers!

_____ 3. Asseyez-vous!

_____ 4. Prenez une feuille de papier!

_____ 5. Faites attention!

_____ 6. Retournez à vos places!

_____ 7. Levez-vous!

_____ 8. Ouvrez vos livres à la page vingt-huit!

a. Open your books to page 28!
b. Go back to your seats!
c. Stand up!
d. Take out a sheet of paper!
e. Sit down!
f. Go to the blackboard!
g. Pay attention!
h. Close your notebooks!

18 Who would be more likely to say each of these phrases in a classroom, **un prof** or **un élève**?

    1. Regardez le tableau! _____

    2. Comment dit-on *thank you* en français? _____

    3. Levez-vous! _____

    4. Bonjour, madame. _____

    5. Qu'est-ce que ça veut dire « carte »? _____

    6. Faites attention! _____

    7. Répétez après moi. _____

    8. Je ne comprends pas. _____

19 Angie forgot to include accent marks when she wrote an e-mail to her new pen pal. Help her by adding the accents to her sentences written below.

Salut Margot,

Je m'appelle Angie. Ca va? Moi, ca va tres bien. Tu as quel age? J'ai treize ans.

A bientot,

Angie

---

20 Write these phrases in French, using the correct accents.

    MODÈLE See you later. À plus tard./À tout à l'heure.

    1. How's it going? _____

    2. Very well. _____

    3. How old are you? _____

    4. Very nice to meet you. _____

    5. Could you repeat that, please? _____

    6. How do you say "window" in French? _____

21 Youssoufou is starting at a new school. Complete his conversation with Claudie whom he just met.

Youssoufou Salut ! Je m'appelle Youssoufou. Et toi?

Comment _____?

Claudie Bonjour. _____Claudie. Comment ça

_____, Youssoufou?

Youssoufou Ça s'écrit Y-O-U-S-S-O-U-F-O-U.

Claudie Ah bon. Et _____,Youssoufou?

Youssoufou J'ai quinze ans. _____?

Claudie J'ai seize ans. Quelle est ton _____?

Youssoufou C'est ydialo arobase b-l-a point f-r.

22 Your school has asked you to welcome a French exchange student. Create a dialogue where you say hello, introduce yourself and ask 5 questions in order to get to know him or her.

_____

_____

_____

_____

_____

_____

_____

_____

_____

_____

_____

_____

Salut, les copains!

Indefinite articles and plural of nouns

- Use the indefinite articles **un**, **une**, and **des** to say *a*, *an*, or *some* before a noun.

  Use **un** before a masculine singular noun.   Il y a **un** tableau.

  Use **une** before a feminine singular noun.   Il y a **une** porte.

  Use **des** before a plural noun.   Il y a **des** chaises.

- **Un**, **une**, and **des** all change to **de** after **ne…pas**.

  Il **n'**y a **pas de** posters.

- To form the plural of most French nouns, just add **–s**. Some nouns form their plural forms differently.

  un poster   des posters   un tableau   des tableaux

  un CD   des CD (no change)   un lecteur de CD   des lecteurs de CD

---

23 Fill in the blank with **un** or **une** in front of each of these nouns.

1. _____ fille   5. _____ carte

2. _____ télévision   6. _____ poster

3. _____ ordinateur   7. _____ tableau

4. _____ DVD   8. _____ lecteur de DVD

24 Change the following words from singular to plural.

1. un garçon _____

2. une chaise _____

3. un professeur _____

4. un lecteur de CD _____

5. une feuille de papier _____

6. un bureau _____

25 Write complete sentences to say if each of the following items is or is not in your class.

1. une télévision _____

2. un poster _____

3. une carte de France _____

4. un bureau _____

5. un tableau _____

The verb **avoir**

• Here are the forms of the verb **avoir**, which means *to have*.

j'**ai**	nous **avons**
tu **as**	vous **avez**
il/elle/on **a**	ils/elles **ont**

---

26 Oui ou Non? Look around your classroom to answer the following questions. Your answers should be in complete sentences.

MODÈLE Il y a un tableau dans la salle de classe?
Oui, il y en a un. / Non, il n'y en a pas.

1. Il y a un professeur dans la salle de classe? _____

2. Il y a une fenêtre dans la salle de classe? _____

3. Il y a un ordinateur dans la salle de classe? _____

4. Il y a un lecteur de DVD dans la salle de classe? _____

5. Il y a une télévision dans la salle de classe? _____

6. Il y a une carte dans la salle de classe? _____

7. Il y a des chaises dans la salle de classe? _____

27 Respond to the following questions in French using the number at the end of each sentence to complete your answer. Use pronouns, write out the numbers, and use the correct form of **avoir,** in your responses.

MODÈLE Vous avez combiens de cahiers? (7)
Nous avons sept cahiers.

1. M. Lebeau a deux posters? (3) _____

2. Mlle Duchamp a vingt élèves? (18) _____

3. Justine et Anaïs ont combien de livres? (7) _____

4. Tu as un CD? (28) _____

5. Marc et Antoine ont cinq lecteurs de CD? (2) _____

6. Il y a combien de garçons dans la classe? (13)_____

Qu'est-ce qui te plaît?

1 Marine tells you how she feels about the following things. Number the sentences from 1–5, with 1 being her favorite and 5 her least favorite according to the verb used.

_____ a. Je n'aime pas travailler.

_____ b. J'aime bien écouter de la musique.

_____ c. Je déteste le chocolat.

_____ d. J'adore dessiner.

_____ e. J'aime lire.

2 Based on the first sentence, tell whether the second sentence is most likely **vrai** *(true)* or **faux** *(false)*.

MODÈLE J'aime parler français et anglais. J'aime bien les mathématiques.
Je déteste l'école. __**faux**__

1. J'adore les romans et les journaux.

   Je déteste lire. _____

2. Je n'aime pas téléphoner. J'aime mieux envoyer un e-mail.

   J'ai un ordinateur. _____

3. J'ai des crayons de couleur et des feuilles de papier.

   J'aime dessiner. _____

4. J'aime bien chanter.

   Je n'aime pas la musique. _____

5. J'ai un baladeur et une radio. J'aime chanter avec les amis.

   J'aime bien la musique. _____

6. Je n'ai pas de téléphone.

   J'aime envoyer des textos. _____

VOCABULAIRE 1

3 A curious alien from another galaxy has landed on Earth. Can you help it identify what these items are used for, before it makes an embarrassing mistake? Write each phrase in the correct column.

un SMS/un texto	un roman	une bande dessinée	la musique classique
un journal	les frites	la radio	la glace
un CD	le baladeur	le chocolat	un magazine

Manger *(to eat)*	Lire	Écouter

4 The electricity is out all over town this morning and your friends can't decide what to do. Mark the blank if you can still participate in these activities.

MODÈLE chanter avec des amis ___X___

1. dormir _____
2. envoyer des e-mails _____
3. écouter la radio _____
4. regarder la télévision _____
5. dessiner _____

6. lire un roman _____
7. parler avec des amis _____
8. regarder un film _____
9. surfer sur Internet _____
10. étudier _____

5 Complete the sentences below about your likes and dislikes.

MODÈLE J'aime... **J'aime lire les romans.**

1. J'adore... le chocolat.
2. J'aime bien... les vacances. xto.
3. J'aime... manger.
4. Je n'aime pas... envoyer un e-mail.
5. Je déteste... les mathématiques.

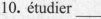

GRAMMAIRE 1   CHAPITRE **2**

> **-er verbs**
> • French verbs change form depending on the subject. To make the forms of
> **regarder,** or any other regular -er verb, drop the **-er** and add the endings shown
> below.
>
> | | |
> |---|---|
> | je regard**e** | nous regard**ons** |
> | tu regard**es** | vous regard**ez** |
> | il/elle/on regard**e** | ils/elles regard**ent** |

10 Choose the correct subject pronoun from the box to complete each sentence.

_____ 1. _____ surfe sur Internet.

_____ 2. _____ chantez avec des amis.

_____ 3. _____ étudient les maths.

_____ 4. _____ dessines bien.

_____ 5. _____ envoyons des SMS à des amis.

> a. Tu
> b. Il
> c. Nous
> d. Vous
> e. Elles

11 Underline the correct form of the verb to tell about the following people.

1. Je ne (travaille / travailler / travailles) pas.

2. Nous (adore / adorez / adorons) les vacances!

3. Tu (étudie / études / étudient) le français.

4. Elles (aiment / aimons / aime) surfer sur Internet.

5. Il (écouter / écoute / écoutes) la radio.

6. Vous (détestent / détestons / détestez) chanter.

12 Rémy is telling you what his teachers and classmates are doing. Complete these
sentences about their activities by writing the correct form of the given verb.

MODÈLE André ___**regarde**___ le tableau. (regarder)

1. Vous _____ de la musique moderne. (écouter)

2. Léa et Marie _____ sur Internet. (surfer)

3. Frédéric et moi, nous _____ un texto. (envoyer)

4. Le professeur _____ dans la salle de classe. (travailler)

5. Elles _____ lire des bandes dessinées. (adorer)

6. Thierry _____ à des amis. (téléphoner)

Qu'est-ce qui te plaît?

13 Unscramble the words below to create five sentences telling what activities Zoé and her friends do or don't do. Make all the necessary changes.

1. étudier / Nathalie / les maths

   Nathalie étudie les maths.

2. parler / Jérôme / français/

   Jérôme parle français.

3. nous / chanter / Zoé et moi, / aimer

   Zoé et moi, nous aimer chantons.

4. regarder / ne / Nicolas et Patrick / pas / la télé

   Nicolas et Patrick ne pas regardent la télé.

5. je / téléphoner / aimer / à des copains

   J'aime téléphone à des copains.

Irregular plurals

- To form the plural of most French nouns, just add –**s** to the end of the singular form, unless the singular form already ends in –**s** .

  la radio   **les radios**

- To form the plural of singular nouns that end in –**eau** or –**eu,** add –**x.**

  le bureau   **les bureaux**

- To form the plural of singular nouns that end in –**al,** remove –**al** and add –**aux.**

  le journal   **les journaux**

---

14 Gabi is asking her teachers and classmates about their possessions. Use her notes to make sentences telling how many items each person has. Use the appropriate form of **avoir** in each sentence, and make any necessary changes.

1. Camille / 2 / animal _____

2. Simon / 15 / jeu _____

3. Fatima et Mina / 17 / dessin _____

4. M. Coulon / 3 / tableau _____

5. Ludovic et Yann / 30 / crayon _____

6. Gaëlle / 27 / journal _____

Nom _____ Date _____ Classe _____

Qu'est-ce qui te plaît?   CHAPITRE **2**

VOCABULAIRE 2

15 Look at the three categories below. Then, write each expression from the list under the appropriate category.

le base-ball	le cinéma	nager	les maths
l'anglais	étudier	les dessins	la batte
le français	le lycée	chanter	jouer au foot
la musique	le ballon	l'élève	un film

Les sports	Les arts	L'école
_____	_____	_____
_____	_____	_____
_____	_____	_____
_____	_____	_____
_____	_____	_____

16 Check the box that tells where you would most likely do each activity.

	Inside	Outside	In or Out
1. discuter avec des amis			
2. faire un pique-nique			
3. étudier			
4. jouer au base-ball			
5. faire les magasins			
6. voir un film			
7. jouer aux échecs			
8. nager			

17 What do Sonia's friends like to do in their spare time? Complete each sentence with a logical activity.

1. Hervé et toi, vous adorez les sports. Vous aimez _____.

2. Laurie et Max aiment aller au cinéma. Ils aiment _____.

3. Mélodie aime discuter avec des amis. Elle aime _____.

4. Jean-Paul adore danser. Il aime _____.

5. Cléa aime aller au centre commercial. Elle aime _____.

18 Read these sentences about Patricia's teachers and classmates. Then, underline the adverb that best completes the description.

   MODÈLE M. Foulard est professeur de maths. Il regarde (souvent / <u>rarement</u>) la carte de France.

   1. Tristan adore aller à la piscine. Il nage (rarement / souvent).

   2. Madeleine et Agathe aiment discuter avec des amies. Elles téléphonent à des amis (régulièrement / rarement).

   3. Nous détestons faire la fête. Nous dansons (rarement / souvent).

   4. Séverine et Damien n'aiment pas les sports. Ils jouent (souvent / rarement) au foot.

   5. J'aime lire. J'aime aller à la bibliothèque (de temps en temps / rarement).

   6. Mme Toussaint n'aime pas faire les magasins. Elle va (souvent / rarement) au centre commercial.

   7. Lucile adore faire du sport. Elle joue (rarement / souvent) au football.

19 Amélie's friends only like to do the activities they do well. Complete each of these sentences with the most logical word or phrase.

   _____ 1. Nina déteste jouer au base-ball. Nina joue _____ au base-ball.
   a. très bien   b. mal

   _____ 2. Rachid adore dessiner. Il dessine _____.
   a. très bien   b. très mal

   _____ 3. Élodie aime faire du sport. Elle joue _____ au foot.
   a. bien   b. très mal

   _____ 4. Nicole n'aime pas étudier l'anglais. Elle parle _____ anglais.
   a. mal   b. bien

   _____ 5. Iris et Éric aiment faire la fête. Ils dansent _____.
   a. très mal   b. bien

   _____ 6. Jérôme aime aller à la piscine de temps en temps. Il nage _____.
   a. assez bien   b. très mal

   _____ 7. Karim chante souvent. Il chante _____.
   a. mal   b. très bien

VOCABULAIRE 2   CHAPITRE **2**

20 Laurie is listening to her older sister, Lise, talk on the phone to her new boyfriend. Laurie can only hear the answers that Lise gives. Below, write the questions that you think Lise's boyfriend asked.

> **MODÈLE** — <u>**Tu aimes faire les magasins régulièrement?**</u>
>
> — Oui, j'adore aller au centre commercial.

1. — _____

— Oui, je parle très bien anglais.

2. — _____

— Je préfère sortir.

3. — _____

— J'aime faire la fête, mais je préfère nager.

4. — _____

— Non, je dessine très mal.

5. — _____

— Oui, souvent. Je joue très bien au foot.

6. — _____

— Non, rarement. Je n'aime pas voir des films.

21 You are applying for a job as a camp counselor. In order to be matched to the right job, you must explain your strengths and weaknesses. Write sentences telling 3 things that you do well and 3 things that you do not do so well.

Nom _____ Date _____ Classe _____

Qu'est-ce qui te plaît?

CHAPITRE **2**

GRAMMAIRE 2

Contractions with à

• The preposition **à** (*to, at*) contracts with **le** to form **au,** and with **les** to form **aux.** There is no contraction with **la** or **l'.**

à + la piscine = **à la** piscine   à + le cinéma = **au** cinéma
à + l'école = **à l'**école   à + les cafés = **aux** cafés

---

22 Complete the following sentences using **à l', à la, au,** and **aux.**

1. Florence n'aime pas aller _____ parc.

2. Lucas et Agathe étudient _____ bibliothèque de temps en temps.

3. Fatima préfère parler français _____ école.

4. Cissé adore travailler _____ MJC.

5. Madame et Monsieur Michaud aiment jouer _____ cartes et _____ échecs.

6. Inès nage _____ piscine?

7. Nous adorons discuter avec des copains _____ lycée.

23 The students in Madame Martin's class all have their favorite activities. Write sentences telling where they like to go to do these activities. Remember to use **à la, à l', au,** or **aux** in your sentences.

MODÈLE Léontine adore nager.   **Elle aime aller à la piscine.**

1. Siméon aime faire un pique-nique avec les copains.

_____

2. Yvette adore manger.

_____

3. Angélique et Matthieu aiment jouer au base-ball.

_____

4. Henri et Sominet adorent regarder des films.

_____

5. Mariama aime lire des romans.

_____

6. Célestine adore faire les magasins.

_____

Nom _____ Date _____ Classe _____

GRAMMAIRE 2   CHAPITRE **2**

Conjunctions
• Use the conjunctions **et** *(and)*, **mais** *(but)*, and **ou** *(or)* to link ideas or sentences.

　　　J'aime jouer au base-ball **et** nager.
　　　Gabi aime chanter, **mais** elle n'aime pas danser.
　　　Est-ce que tu préfères faire les magasins **ou** aller au ciné?

---

24 Maureen isn't sure which conjunction to use in the following sentences: **et, mais,** or **ou**. Help her out by filling in the blanks in her sentences with the most logical conjunction.

　1. J'aime bien faire la fête _____ faire les magasins.

　2. Martine aime nager _____ elle n'aime pas danser.

　3. Anselme préfère jouer aux échecs _____ jouer au foot?

　4. Marine aime lire _____ elle aime écouter de la musique.

　5. Tu aimes mieux lire des magazines _____ des romans?

　6. Félix aime téléphoner _____ il préfère envoyer des e-mails.

25 Help Elliott make his sentences sound more sophisticated. Combine each pair of sentences using **et, mais,** or **ou.**

　MODÈLE David joue au foot-ball. Il joue au base-ball.
　　　David joue au foot-ball et au base-ball.

　1. Chloé chante bien. Elle préfère danser.

　_____

　2. Raphaël déteste la musique classique. Il aime la musique moderne.

　_____

　3. Renaud et Romain aiment lire les BD. Ils aiment lire le journal.

　_____

　4. Mélodie préfère le chocolat? Elle préfère la glace?

　_____

　5. Félix aime aller au cinéma. Félix aime regarder la télé.

　_____

　6. Héloïse aime travailler au centre commercial. Héloïse n'aime pas travailler à la bibliothèque.

　_____

Holt French 1   23   Cahier de vocabulaire et grammaire
Copyright © by Holt, Rinehart and Winston. All rights reserved.

Qu'est-ce qui te plaît?

26 Simon and Basile are twins, but they are not exactly alike. Look at the notes they wrote and write five complete sentences that tell how the twins are alike and how they are different. Be sure to use **et** or **mais** in each sentence.

> Salut. Je m'appelle Simon. J'adore jouer au foot et jouer au base-ball. Je joue souvent au foot. Je n'aime pas nager. J'aime les maths. J'aime sortir avec des copains. J'aime la musique classique et la musique moderne.

> Salut! Je m'appelle Basile. J'adore manger. J'aime aller au café avec des copains. J'aime jouer au base-ball. Je joue souvent au foot. J'aime l'anglais. J'aime dessiner. J'aime bien la musique moderne, mais je n'aime pas la musique classique.

MODÈLE Simon aime les maths *mais* Basile aime l'anglais.

1. _____
2. _____
3. _____
4. _____
5. _____

Est-ce que

• Add **est-ce que** at the beginning of a statement to make it into a question. Notice that **que** becomes **qu'** before a noun or pronoun beginning with a vowel.

> Tu aimes aller au café. → Est-ce que tu aimes aller au café?
> Ils regardent la télé. → Est-ce qu'ils regardent la télé?

---

27 Your teacher asked you to write a questionnaire about the favorite activities of teenagers in your town. Write your survey questions about the following activities using **est-ce que**.

MODÈLE nager <u>Est-ce que tu nages?</u>

1. manger au café _____
2. chanter ou faire du sport _____
3. discuter avec des amis _____
4. dessiner bien _____
5. surfer sur Internet _____
6. aller au cinéma ou regarder la télé _____

Comment est ta famille?

1 In the puzzle below, fourteen descriptive words are hidden. How many can you find?

```
R U E C H Â T A I N S R A
C O S D E G E C U É G S B
P X U T M É M I O E M P L
H F R X D N T B P U A O A
Â O U C R É A T I F R R N
F M A S É R I E U X R T C
G R O S S E D A S D O I S
L X C I G U É B R U N F G
É P A R E S S E U S E H Â
G R A N D E S M L É M R B
```

2 Underline the word in each list that does not belong with the others because of meaning.

1. châtain   blanc   roux   mince

2. grosse   sympathique   petite   grand

3. courts   marron   bleu   verts

4. sérieuse   paresseux   brune   intelligente

5. généreuse   méchante   gentille   sympa

6. timides   intelligent   longs   créatif

3 Cléa and Léa are nothing alike. Match each trait of Cléa's with the opposite trait of Léa.

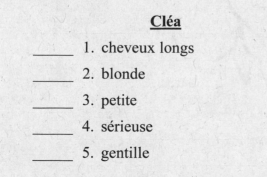

Cléa

_____ 1. cheveux longs

_____ 2. blonde

_____ 3. petite

_____ 4. sérieuse

_____ 5. gentille

Léa
a. marrante
b. méchante
c. cheveux courts
d. grande
e. brune

4 Read each description and decide if the statement that follows is **L** (logical) or **I** (illogical).

    1. Raphaël et Guillaume jouent au base-ball régulièrement.

       _____ Ils sont très sportifs.

    2. Quentin déteste lire le journal et étudier. Il préfère lire les bandes dessinées.

       _____ Il est très sérieux.

    3. Mathilde et Cissé ne sont pas gentilles.

       _____ Elles sont méchantes.

    4. Coline aime étudier le français et les mathématiques.

       _____ Elle est paresseuse.

    5. Arnaud est mince.

       _____ Il est assez gros.

5 Write the adjective that best completes each statement below.

    1. Comment est Oprah Winfrey? Elle est _____ .

    2. Maurice n'aime pas faire la fête. Il préfère lire. Il est _____ .

    3. Yasmine n'aime pas travailler. Elle est _____ .

    4. Lucas et Étienne ne sont ni marrants ni sympathiques. Ils sont

    _____

    5. Comment est Naomi Campbell? Elle est _____ .

6 Fill in the blank with the correct French term.

7 Leïla's cousin sent her photos of people she has met since she moved away, but she did not tell Leïla which picture belongs to each description. Beside each description, write the letter of the picture that best matches it.

a.   b.   c.   d.   e.

_____ 1. Ariane est mince et sportive.

_____ 2. Lucas est grand et fort.

_____ 3. Édouard est blond et Laurence est brune. Ils sont marrants.

_____ 4. Igor a les cheveux courts et bruns. Il est très créatif.

_____ 5. Marie est petite et brune. Elle n'est pas très gentille.

8 Marianne believes everything her friend Fatim says. Complete each of her sentences with the word Marianne would use to agree with Fatim.

génial	**méchantes**	**mince**
pénible	**sérieuse**	

Fatim   Aude aime lire et étudier.

Marianne   Oui, elle est (1)_____.

Fatim   J'aime bien le prof d'anglais.

Marianne   Oui, il est (2)_____!

Fatim   Séverine ne mange pas beaucoup.

Marianne   Oui, elle est (3)_____.

Fatim   Thomas n'est pas sympa.

Marianne   Oui, il est assez (4)_____.

Fatim   Noémie et Lili sont gentilles.

Marianne   Oui, elles ne sont pas (5)_____.

Comment est ta famille?

CHAPITRE **3**

GRAMMAIRE 1

The verb être

Here are the forms of the verb **être:**

je **suis**	nous **sommes**
tu **es**	vous **êtes**
il/elle/on **est**	ils/elles **sont**

Je **suis** blond et mince.   Marie-Paule **est** brune et grande.

---

9 Underline the appropriate form of **être** to complete each of Mina's descriptions.

1. Monsieur Arnaud, vous (es / êtes / sont) génial!

2. Patrick et Amélie (sont / sommes / est) intelligents et généreux.

3. Zita (suis / est / es) brune et elle a les yeux noirs. Elle (est / es / suis) sympa.

4. Moi, je (est / suis / sommes) rousse et mince.

5. Théo, tu (sont / es / êtes) pénible!

10 Choose the logical completion for each of the sentences below.

_____ 1. Jonathan

_____ 2. Madame Toussaint, vous

_____ 3. Antoine et moi, nous

_____ 4. Anaïs et Lise

_____ 5. Est-ce que tu

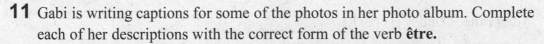

a. sont brunes.
b. n'est pas gros.
c. êtes super géniale!
d. es petit ou grand?
e. sommes blonds.

11 Gabi is writing captions for some of the photos in her photo album. Complete each of her descriptions with the correct form of the verb **être.**

1. Nathalie et Agathe ne _____ pas paresseuses. Elles aiment beaucoup travailler.

2. Marie-Claire et moi, nous ne _____ ni grosses ni minces.

3. Monsieur Sauvage, vous _____ génial et marrant.

4. Moi, je _____ petite, mais assez forte.

5. Émeline, tu adores dessiner. Est-ce que tu _____ très créative?

GRAMMAIRE 1   CHAPITRE **3**

Adjective agreement

- In French, adjectives agree in gender and number with the nouns they describe. To make most adjectives feminine, add **–e.** To make most adjectives plural, add **–s.**
- Some adjectives do not follow this pattern. Look at the feminine forms of the adjectives below.

    adjectives that end in **–s:**   **gros → grosse**

    adjectives that end in **–eux:**   **sérieux → sérieuse**

    adjectives that end in **–if:**   **sportif → sportive**

- Other adjectives that have irregular feminine forms: **blanc (blanche), bon (bonne), gentil (gentille), long (longue), mignon (mignonne).**
- Most French adjectives follow the noun. Some adjectives that come before the noun are: **bon, gentil, grand, jeune,** and **petit.**
- **Des** changes to **de** when used with an adjective that comes before the noun.

---

12 Underline the correct form of the adjectives to complete these descriptions.

1. Michèle n'est pas (gros / grosse / grosses)! Elle est (rousses / roux / rousse) et (mince / minces).

2. André est (sportifs / sportive / sportif) et (sérieuses / sérieux / sérieuse).

3. Émilie et Barbara sont (mignons / mignonnes / mignonne) et (brune / bruns / brunes).

4. Karim et David sont (grands / grandes / grand) et (marrante / marrants / marrantes).

13 Madame Guo is bragging about her grandson, Seng, so Madame Vidal wants to brag about her granddaughter Lise. Write Madame Vidal's sentences to describe Lise.

1. Seng est grand. _____

2. Seng est généreux. _____

3. Seng est intelligent. _____

4. Seng est créatif. _____

5. Seng est gentil. _____

More irregular adjectives
• Some adjectives like **cool, chic, orange** and **marron** are invariable.
• The adjectives **beau, nouveau,** and **vieux** are irregular.

Masc. sing. before a consonant	Masc. sing. before a vowel	Masculine plural	Feminine singular	Feminine plural
beau	bel	beaux	belle	belles
nouveau	nouvel	nouveaux	nouvelle	nouvelles
vieux	vieil	vieux	vieille	vieilles

14 Underline the correct form of the adjectives to complete these descriptions.

1. Sarah et Mina sont (belle / belles / beau).

2. Simon est très (belle / beau / bel).

3. Monsieur Lepetit est (vieille / vieil / vieux).

4. Il est (nouvel / nouveau / nouvelle) dans la classe.

5. Il a deux chiens (marron / belles / nouvel).

15 The old French teacher, Mme Atlan, forgot her glasses and cannot see very well. For every two things she sees, Rachid tells her that there is only one item.

   MODÈLE Mme Atlan Il y a deux beaux posters dans la salle de classe?
   Rachid   **Non, il y a un beau poster.**

   Mme Atlan Il y a deux belles fenêtres?
   Rachid   (1)_____

   Mme Atlan Est-ce qu'il y a deux nouveaux lecteurs de DVD?
   Rachid   (2)_____

   Mme Atlan Monsieur Colignon a deux vieux romans?
   Rachid   (3)_____

   Mlle Atlan Il y a deux vieux ordinateurs dans la salle de classe?
   Rachid   (4)_____

   Mlle Atlan Est-ce qu'il y a deux nouveaux élèves?
   Rachid   (5)_____

Comment est ta famille?

16 The Broussards are having a soccer game in the park. They have decided to play boys against the girls. Write each member of the family under the appropriate team. Add **le, la, l'** or **les** before each team member.

petit-fils de Marc	cousin de Georges	oncle d'Yves
tante de Pauline	fils de Julie	belle-mère d'Amélie
femme de Jean-Luc	sœur de Xavier	père d'Amélie
mari de Jennifer	nièce de Jean-Luc	cousine de Xavier

Le match de foot de la famille Broussard	
Les filles	**Les garçons**

17 Using the information in Francine's note, complete the statements about her family that follow.

> *Salut!*
> *Je m'appelle Francine Dupont. Ma mère s'appelle Marion et mon père s'appelle Serge. J'ai un frère, Laurent. Il a dix ans. Il adore jouer au foot. J'ai deux sœurs. Yamilé a sept ans et Adèle a douze ans. Ma grand-mère s'appelle Audrey et mon grand-père s'appelle Georges. Nous avons un chat, Boubou. Il est marron et noir et très paresseux. Et toi? Tu as des frères et des sœurs?*
> *Francine.*

1. La mère de Francine s'appelle _____.

2. _____ aime jouer au foot.

3. _____ et _____ sont les sœurs de Francine.

4. Le père de Francine s'appelle _____.

5. Audrey est _____ de Francine.

6. Boubou est _____ de Francine.

18 Use this family tree to complete the sentences that follow.

```
              Pierre ──── Marie
    ┌──────────────────┼──────────────────┐
 Éric ── Pauline   Lucille ── Jacques   Julie ── Samir
    ┌────┐              ┌─────────┐        ┌─────────┐
Caroline Benoît   Isabelle Justine Denis  Yasmine Leïla
```

_____ 1. Comment s'appelle la mère de Lucille?

_____ 2. Comment s'appelle le père d'Isabelle?

_____ 3. Comment s'appelle le cousin de Justine?

_____ 4. Comment s'appelle le grand-père de Leïla?

_____ 5. Comment s'appelle le mari de Pauline?

_____ 6. Comment s'appelle le neveu d'Éric?

a. Benoît
b. Pierre
c. Denis
d. Marie
e. Éric
f. Jacques

19 Using the family tree from Activity 18, complete the following sentences with the correct family relationships.

1. Leïla est _____ de Samir.

2. Julie est _____ de Benoît.

3. Denis est _____ de Marie.

4. Caroline est _____ de Yasmine.

5. Pierre est _____ de Leïla

6. Julie est _____ de Samir.

20 Complete the riddles below to explain who each of these family members is.

1. Le fils de ma sœur est mon _____.

2. Le frère de mon père est mon _____.

3. La sœur de ma mère est ma _____.

4. Les enfants de ma tante sont mes _____.

5. La mère de ma mère est ma _____.

6. Le père de la mère de ma cousine est mon _____.

VOCABULAIRE 2   CHAPITRE **3**

21 Imagine that you and your family are living in Paris for a year while your mother completes her degree in fashion design. The first person you meet is your nosy neighbor, Mme Colignon. See if you can impress her with your French as you answer her questions about your family. Write complete sentences.

    1. Vous êtes combien dans votre famille?

    _____

    2. Tu as des frères et des sœurs?

    _____

    3. Comment s'appellent-ils?

    _____

    4. Comment s'appelle ta mère?

    _____

    5. Et, ton père, comment s'appelle-t-il?

    _____

    6. Est-ce que tu as un chat? Un chien?

    _____

22 Now write an e-mail to your new French-speaking e-pal Félix. Tell him about your family and ask at least three questions about his family.

_____

_____

_____

_____

_____

_____

_____

_____

_____

_____

Holt French 1   **33**   Cahier de vocabulaire et grammaire

Comment est ta famille?

Possessive adjectives
- Possessive adjectives tell what belongs to whom and describe relationships. They agree in gender and number with what is possessed, not the owner.
- Remember to use **mon, ton, son** before any singular noun that begins with a vowel sound, even if the word is feminine. **une école ⟶ mon école**

	Masc. singular	Fem. singular	Plural		Singular	Plural
my	**mon**	**ma**	**mes**	*our*	**notre**	**nos**
your	**ton**	**ta**	**tes**	*your*	**votre**	**vos**
his	**son**	**sa**	**ses**	*their*	**leur**	**leurs**
her	**son**	**sa**	**ses**			
its	**son**	**sa**	**ses**			

23 Camille is introducing some of her family members to her teacher and friends. Underline the correct possessive adjectives in her sentences.

1. Je vous présente (ma / mon / mes) mère et (ma / mon / mes) père.

2. Ce sont (ma / mon / mes) frères Eric et Guy et (ma / mon / mes) sœur Alice.

3. Claude, je te présente (ma / mon / mes) grands-parents.

4. Je te présente (ma / mon / mes) cousines Bertille et Laure.

24 Complete the sentences below using the correct possessive adjectives.

MODÈLE (il) <u>Son</u> chat et très gros et méchant.

1. (je) _____ grand-mère aime nager de temps en temps.

2. (vous) Est-ce que c'est _____ fille, monsieur Amira?

3. (elles) Léa et Zoé ont les yeux bleus, mais _____ mère a les yeux noirs.

4. (tu) Qu'est-ce que tu penses de _____ beau-père?

5. (nous) _____ cousins sont très grands et marrants.

GRAMMAIRE 2   CHAPITRE **3**

Contractions with de

De contracts with **le** and **les.** There is no contraction with **la** or **l'**.

        de + la = **de la**   C'est le frère **de la** fille de Mme André.
        de + l' = **de l'**   C'est le copain **de l'**élève.
        de + le = **du**   C'est la sœur **du** garçon.
        de + les = **des**   C'est la mère **des** frères Leblanc.

---

25 Your aunt Rose came to your birthday party. She doesn't know any of your friends and she has a lot of questions. Complete each of her questions with **de la, de l', du** or **des.**

    MODÈLE Il est comment, le chat **de la** grand-mère Duchesne?

    1. Comment s'appelle la sœur _____ fille rousse?

    2. Il est comment, le père _____ garçon grand et blond?

    3. Ils sont gentils, les chiens _____ copine de ta sœur?

    4. Elle s'appelle comment, la fille _____ amie de Habib?

    5. La femme _____ professeur, elle est intelligente?

    6. C'est qui, l'ami _____ frères Lacombe?

26 Help sort out which items belong to whom by rewriting the sentences below. The correct owner is shown in parentheses.

    MODÈLE C'est la radio de l'amie de ma cousine? (le neveu de Tran)
              Non, c'est la radio du neveu de Tran.

    1. Ce sont les écouteurs de l'amie de Valérie? (le professeur)

    _____

    2. C'est la voiture de sport de la fille brune? (le garçon roux)

    _____

    3. Ce sont les CD des élèves? (les frères Biokou)

    _____

    4. C'est l'ordinateur du grand garçon brun? (la petite fille blonde)

    _____

27 Use the words listed below to write sentences describing Anselme's friends and family members. Remember to use the correct form of each verb and adjective, and add in any little words that are needed.

1. Jeanne / être / fille / professeur. Elle / être / brun / et / beau

_____

2. Martin / être / frère / Marc. Il /être / pénible

_____

3. Félix et Clément / être / cousins / de / Paul. Ils / être / grand / cool

_____

4. Marie et Karine / être /copines / cousin Guy. Elles / être / sympathique

_____

C'est versus il/elle est

Use **c'est** with

- a person's name → **C'est Martine.**
- an article plus a noun → **C'est une amie.**
- an article, plus a noun, plus an adjective → **C'est une fille géniale.**

Usé **il/elle est** with

- an adjective → **Elle est blonde.**

---

28 Claire is sending her pen-pal photos of her little sister and her new baby brother, Hugo. Decide whether she should use **c'est, il est,** or **elle est** in each description.

1. _____ mon nouveau frère, Hugo.

2. _____ brun et très petit.

3. À mon avis _____ assez intelligent.

4. Oui, _____ un garçon mignon et génial!

5. _____ gentil!

6. Ça, _____ ma petite sœur, Léa. _____ très marrante. Elle chante et danse souvent!

1 Cross out the item in each group that doesn't belong because of meaning.

1. la physique   la chimie   la biologie   l'EPS

2. l'après-midi   le matin   les devoirs   le soir

3. l'allemand   la géographie   l'espagnol   l'anglais

4. aujourd'hui   demain   maintenant   l'informatique

5. l'heure   le jour   la matière   la semaine

2 Based on the titles of these books, match each one with the proper subject.

_____ 1. *The XYZs of Algebra*

_____ 2. *Early Explorers: The Vikings*

_____ 3. *Masterpieces of Matisse and Cézanne*

_____ 4. *¡Exprésate!*

_____ 5. *The Life Cycle of the Mosquito*

a. L'histoire
b. L'espagnol
c. Les mathématiques
d. Les arts plastiques
e. La biologie

3 Write out the time shown on each of the clocks below.

MODÈLE | 7:00 PM | **Il est sept heures du soir.**

1. | 5:30 AM | _____

2. | 12:00 AM | _____

3. | 6:45 PM | _____

4. | 4:20 PM | _____

5. | 1:15 PM | _____

4 Unscramble the French names of the days of the week. Then, rewrite them in order as the French would, beginning with Monday.

DEIJU   _____   __ Lundi __

AHDEMNIC   _____   _____

INDLU   _____   _____

REIDVDNE   _____   _____

ADMIR   _____   _____

ESIMAD   _____   _____

REMIDREC   _____   _____

5 Paul's dog chewed up his school planner and his schedule is in shreds. Help him sort his activities back into the order he will do them, by numbering them from 1 to 8.

_____ les arts plastiques: neuf heures

_____ le français: onze heures et quart

__1__ l'histoire: huit heures moins le quart

_____ l'allemand: trois heures et demie

_____ le déjeuner: midi et demi

_____ la sortie: cinq heures de l'après-midi

_____ la chimie: dix heures et quart de l'après-midi

_____ la physique: deux heures dix de l'après-midi

6 Sonia left her school schedule at your house this weekend. She has e-mailed you some questions. Read over her schedule, and answer her questions.

	LUNDI	MARDI	MERCREDI	JEUDI	VENDREDI	SAMEDI
8h00	Biologie	Éducation musicale	Biologie		Biologie	
9h00	Français	Anglais	Français	Anglais	Français	Maths
10h00	*Récré*	*Récré*	*Récré*	*Récré*	*Récré*	Français
10h15	Arts plastiques	Maths	Physique	Maths	Arts plastiques	EPS
11h15	Allemand	Histoire-géo	Anglais	Histoire-géo		
12h15	*Déjeuner*	*Déjeuner*	*Sortie*	*Déjeuner*	*Déjeuner*	*Sortie*
14h00	Informatique	EPS		Français	Allemand	
15h00		Informatique			Physique	
16h00	Chimie	Chimie		Chimie	Histoire-géo	
17h10	*Sortie*	*Sortie*		*Sortie*	*Sortie*	

1. Quels jours est-ce que j'ai physique?

   _____

2. Quels jours est-ce que j'ai anglais?

   _____

3. À quelle heure est-ce que j'ai histoire le mardi et le jeudi?

   _____

4. J'ai quels cours le lundi matin?

   _____

5. Et le lundi après-midi?

   _____

7 Zita loves science and math, but she isn't very creative and doesn't like learning languages. Put a check mark next to the statements she would be likely to say.

MODÈLE ___✓___ La biologie? Je trouve ça fascinant!

_____ 1. Mon cours de physique? Il est facile.

_____ 2. Les arts plastiques? C'est ma matière préférée!

_____ 3. Les maths sont fascinantes.

_____ 4. L'informatique? Je trouve ça difficile.

_____ 5. Ça me plaît beaucoup, l'anglais.

_____ 6. L'allemand? D'après moi, c'est ennuyeux!

8 Match each question on the left with the most logical response on the

_____ 1. Quel jour est-ce que tu as examen de physique?

_____ 2. À quelle heure est-ce que tu as maths?

_____ 3. Comment est ton cours de biologie?

_____ 4. C'est comment, l'EPS?

_____ 5. Ça te plaît, la géographie?

a. Oui! Je trouv
   fascinant.
b. Mardi.
c. D'après moi, c
   cool.
d. Il est difficile.
e. À deux heures de
   l'après-midi.

9 Answer the following questions in French about your own schedule.

1. Quel(s) jour(s) est-ce que tu as français?

_____

2. Quand est-ce que tu as maths?

_____

3. À quelle heure est-ce que tu finis les cours?

_____

4. Comment c'est les maths?

_____

5 Ça te plaît le français?

_____

6. Comment est ton cours d'anglais?

_____

Mon année scolaire

-re verbs

- There is a group of regular verbs that end in **-re**. Here are the forms of one of those verbs, **attendre** *(to wait)*.

j'attend**s**	nous attend**ons**
tu attend**s**	vous attend**ez**
il/elle/on attend	ils/elles attend**ent**

- Other verbs that end in **-re: entendre** *(to hear)*, **perdre** *(to lose)*, **rendre** *(to return [something to someone])*, **répondre (à)** *(to answer)*, and **vendre** *(to sell)*.

  J'attends mon ami Gilles.   Nous **répondons** à la question du prof.

---

10 Complete each sentence with the appropriate form of the verb.

1. Ma sœur et moi _____ nos amis. (attendre)

2. Est-ce que vous _____ vos vieux livres ? (vendre)

3. Je _____ toujours à mon prof d'espagnol. (répondre)

4. Est-ce que tu _____ le bus le matin? (attendre)

5. Elles _____ leurs livres à la bibliothèque. (rendre)

6. Alexis écoute sa mère, mais il ne _____ pas. (répondre)

11 Unscramble the sentences below. Use the correct form of the verb and make any other necessary changes.

1. rendre à / devoirs / nous / le professeur

   _____

2. les e-mails de Pierre / elle / répondre à

   _____

3. vous / le téléphone / est-ce que / entendre?

   _____

4. attendre / moi / le professeur / mes amies / et

   _____

5. des élèves / professeur / répondre à / les questions

   _____

6. vendre / des frites / le café / ne...pas

   _____

–ger *and* –cer verbs

• Verbs that end in **–ger**, such as **manger**, are conjugated like regular **-er** verbs, except that they have a spelling change in the **nous** form: **nous mangeons.**

Other verbs that end in **–ger:**

encourager *(to encourage)*   **corriger** *(to correct)*   **déranger** *(to disturb),*

échanger *(to exchange)*   **changer** *(to change)*   **voyager** *(to travel).*

• Verbs that end in **–cer**, like **commencer** have a spelling change in the **nous** form: **nous commençons.**

Other verbs that end in **–cer:**

avancer *(to go forward)*   **lancer** *(to throw)*   **placer** *(to place, to put)*

prononcer *(to pronounce)*   **remplacer** *(to replace)*

---

12 Write the correct form of the verb given in parentheses.

1. Elles _____ de la glace de temps en temps? (manger)

2. Tu _____ à étudier le français. (commencer)

3. Nous _____ souvent. (voyager)

4. Il _____ la balle à son copain. (lancer)

5. Nous _____ assez bien le français. (prononcer)

13 Your classmate wrote up the results of a group project as if he had done it all himself. Rewrite his sentences changing the subject from **je** to **nous.**

1. Je commence à étudier le français.

_____

2. J'encourage les élèves à lire des romans français.

_____

3. Je place la carte de la France au tableau.

_____

4. Je voyage à Paris.

_____

5. Je prononce très bien le français.

_____

6. Je mange au café français.

_____

14 Answer the following questions using complete sentences.

    1. Tes copains et toi, est-ce que vous mangez souvent au café après l'école?

    _____

    2. Tes camarades de classe et toi, vous prononcez bien le français?

    _____

    3. Tu voyages souvent?

    _____

    4. Tes camarades de classe et toi répondez aux questions du prof
       régulièrement?

    _____

Days of the week
- To say that you do something regularly on a certain day of the week, put **le** before the day of the week.

    Je joue au basket-ball **le lundi.** *(every Monday)*
- To say that you are doing something on one specific day of the week, use just the day of the week with no article.

    J'ai un examen de physique **lundi.** *(this particular Monday)*

---

15 Tell whether Olivier and Fabienne are talking about specific plans for one day or activities they do on a regular basis.

    _____ 1. Fabienne: «Le lundi, j'aime aller au cinéma avec Ibrahim. »

        a. this Monday   b. every Monday

    _____ 2. Olivier: «Jeudi après-midi, j'étudie à la bibliothèque avec Marina.»

        a. this Thursday   b. every Thursday

    _____ 3. Olivier: «Le mardi, j'ai biologie, français et informatique.»

        a. this Tuesday   b. every Tuesday

    _____ 4. Fabienne: «Vendredi, j'ai un examen d'anglais.»

        a. this Friday   b. every Friday

    _____ 5. Olivier: «Samedi, je commence à travailler à la MJC.»

        a. this Saturday   b. every Saturday

    _____ 6. Olivier: «Patrick et moi, nous nageons le dimanche.»

        a. this Sunday   b. every Sunday

16 Dylan is getting ready for school. Make a list of his school supplies.

Il a _____

_____

_____

_____

_____

_____

_____

17 You left your backpack on the bus this morning. Check the questions that would be good to ask before your math class.

_____ 1. Bertille, tu pourrais me prêter ta règle?

_____ 2. Fatih, de quoi tu as besoin?

_____ 3. Adrien, tu as une calculatrice à me prêter?

_____ 4. Qu'est-ce qu'il me faut pour les maths aujourd'hui?

_____ 5. Cissé, tu pourrais me prêter un stylo?

_____ 6. Moustapha, tu as un dictionnaire à me prêter?

18 You are getting ready for school. Answer your parent's questions by listing three things that you will probably need for each class in full sentences.

1. Qu'est-ce qu'il te faut pour l'EPS?

_____

2. De quoi tu as besoin pour les maths?

_____

3. Qu'est-ce qu'il te faut pour le français?

_____

4. De quoi tu as besoin pour les arts plastiques?

_____

5. Qu'est-ce qu'il te faut pour l'histoire?

_____

19 Your friend Samira only brought her supplies for French and art this morning. How would she answer these questions?

_____ 1. Tu pourrais me prêter une calculatrice?
         a. Voilà.   b. Je n'ai pas de calculatrice aujourd'hui.

_____ 2. Tu as une feuille de papier à me prêter?
         a. Tiens.   b. Merci.

_____ 3. Tu pourrais me prêter un dictionnaire français?
         a. Voilà.   b. Désolée.

_____ 4. Tu as un crayon de couleur à me prêter?
         a. À trois heures.   b. De quelle couleur?

_____ 5. Tu pourrais me prêter un stylo?
         a. Oui, tiens.   b. Non, je n'ai pas de crayons.

20 Your art class is making a mural to decorate a wall at the new MJC. Which cans of paint will you need to make the colors that you want?

Color You Want	Cans You Need	
1. gris	_____ +	_____
2. orange	_____ +	_____
3. rose	_____ +	_____
4. vert	_____ +	_____

21 Karine's mother is asking about her school supplies. Write an appropriate answer for each question her mother asks, using the cues below.

La mère de Karine Karine, tu as un sac à dos?

Karine (1) _____. (purple)

La mère de Karine Tu as une règle?

Karine (2) _____. (black)

La mère de Karine Est-ce que tu as un dictionnaire?

Karine (3) _____. (French)

La mère de Karine Tu as des baskets?

Karine (4) _____.

(blue and white)

La mère de Karine Et tu as un stylo?

Karine (5) _____.

(blue and black)

22 Mme Petitlouis has decided to give the students who failed the last French test a second chance. A grade of 70 is passing. Put a checkmark next to the names of the students who will be able to take the retest.

_____	Fatima – quatre-vingt deux	_____	Phillipe – quatre-vingt-quinze
_____	Théo – soixante et un		
_____	Agathe – cent	_____	Zoé – cinquante-trois
_____	Ken – soixante et onze	_____	Cosette – soixante-treize
_____	Martin – trente-six	_____	Guillaume – quatre-vingt huit
_____	Claire – quatre-vingt cinq		
_____	Richard – soixante-neuf	_____	Lucile – quarante-neuf

23 Julien is shopping for a red binder. Put the sentences in order from 1-10 so that the conversation between Julien and the salesperson makes sense.

_____ À votre service.

_____ Il est à combien, le classeur?

_____ Bonjour. De quoi vous avez besoin?

_____ Vous avez un classeur rouge?

_____ Je cherche un classeur, s'il vous plaît.

_____ Merci.

_____ Oui, voilà.

_____ Il est à sept euros.

_____ Bonjour, Madame.

_____ De quelle couleur?

24 Now, imagine that you are shopping for school supplies. Write an appropriate answer for each of the saleswoman's questions.

Saleswoman Bonjour. De quoi avez-vous besoin?

You (1) _____

Saleswoman Bon. Voici les calculatrices. Et les sacs à dos, ils sont là-bas *(over there)*.

You (2) _____

Saleswoman C'est cinquante-sept euros.

You (3) _____

Saleswoman À votre service.

Mon année scolaire

Préférer and acheter

préférer *(to prefer)*		**acheter** *(to buy)*	
je **préfère**	nous **préférons**	j'**achète**	nous **achetons**
tu **préfères**	vous **préférez**	tu **achètes**	vous **achetez**
il/elle/on **préfère**	ils/elles **préfèrent**	il/elle/on **achète**	ils/elles **achètent**

- Other verbs like **préférer** are **espérer** *(to hope)* and **répéter** *(to repeat / to rehearse)*
- Other verbs like **acheter** are **amener** *(to bring along someone)*, **emmener** *(to take along someone)*, **lever** *(to raise)*, and **promener** *(to take for a walk)*.

---

25 Fill in the blanks in Djamel's and Carole's conversation with the correct form of the verbs shown at the end of the sentences.

Djamel Salut, Carole! J'(1)_____ des stylos et des

cahiers cet après-midi. (acheter)

Carole Est ce-que tu (2)_____ tes frères? (amener)

Djamel Non, ils (3)_____ le chien l'après-midi.

(promener)

Carole Vous n' (4)_____ pas le chien au magasin?

(emmener)

Djamel Non, il est gros et un peu méchant, et les chiens

n'(5)_____ pas de fournitures scolaires! (acheter)

26 Answer the following questions about you and your friends' preferences.

1. Est-ce que tu préfères les maths ou l'anglais?

   _____

2. Ton/Ta meilleur(e) ami(e) préfère la musique ou le sport?

   _____

3. Est-ce que tu achètes souvent des CD?

   _____

4. Est-ce que tu emmènes ta sœur ou ton frère au cinéma avec tes copains?

   _____

5. Tes copains et toi préférez avoir beaucoup de devoirs le week-end?

   _____

Adjectives as nouns

• You can use adjectives as nouns to avoid repetition.

    Do you prefer funny friends or serious friends?

    Do you prefer funny friends or serious **ones**?

• To use an adjective as a noun, use the form of the adjective and the article (**le, la, l', or les**).

    Tu préfères les copains marrants ou les copains sérieux?

    Tu préfères les copains marrants ou **les sérieux**?

---

27 You're helping the little girl next door color in some drawings. What color crayon(s) would you need to color drawings of these characters?

    MODÈLE Big Bird **Il me faut le jaune.**

      1. Kermit the Frog _____

      2. Batman _____

      3. Garfield _____

      4. Barney the Dinosaur _____

      5. Barbie_____

28 Laurie is taking her younger brother to buy school supplies. In the dialog below, tell what item Étienne prefers, using the words in parentheses as cues. Pay attention to the gender and number of the nouns.

    MODÈLE   **Laurie**   Tu as besoin d'un sac à dos. Tu aimes le sac rouge?
                Étienne   **Non, je préfère le noir.** (noir)

    Laurie   Tes copains achètent des cahiers bleu foncé. Et toi?

    Étienne   (1) _____. (gris)

    Laurie   Voilà un grand dictionnaire!

    Étienne   (2) _____. (petit)

    Laurie   Elle te plaît, la trousse violette?

    Étienne   (3) _____. (blanc)

    Laurie   Tu as besoin de baskets pour l'EPS. Tu aimes les baskets noires?

    Étienne   (4) _____. (marron)

29 Your French club is operating a school supply store. You don't have much room to keep supplies, so you must decide on the most important things to stock. In the table below, write 5 items, along with the color(s) you will sell, number of items you will keep in stock, and at what price they will sell.

Item	Number	Color(s)	Price
cahiers	vingt	rouge	8 euros

Agreement with numbers

• The numbers **quatre-vingts** and multiples of **cent** have an **s** unless they are followed by another number.

  quatre-vingts, quatre-vingt-un, quatre-vingt-deux

  deux cents, trois cents, trois cent un, trois cent dix

• **Un** changes to **une** when followed by a feminine noun.

  J'ai **un** frère et **une** sœur.

---

30 Stéphane is extremely competitive. Whatever his friend, Florent, says, he always tries to do one better. Below, write how Stéphane would reply to each of Florent's statements.

> **MODÈLE**   **Florent**   J'ai vingt gommes dans mon sac à dos.
> **Stéphane**   J'ai vingt et une gommes dans mon sac à dos.

1. — Il y a dix calculatrices dans ma classe de maths.

   _____

2. — Il y a cent quatre-vingt-dix-neuf élèves dans ma classe au lycée.

   _____

3. — Notre école a trente nouveaux ordinateurs!

   _____

4. — Il y a soixante-dix-neuf feuilles de papier dans mon classeur.

   _____

5. — J'étudie dix-huit heures le week-end.

   _____

Le temps libre

1 Complète chaque série avec la saison, le mois ou le jour logique.

1. janvier, février, _____, avril

2. jeudi, vendredi, samedi, _____

3. mai, juin, _____, août

4. en été, en automne, en hiver, _____

5. lundi, mardi, _____, jeudi

6. août, septembre, _____, novembre

2 Complète les phrases avec la saison appropriée: **au printemps, en été, en automne** ou **en hiver.**

1. Le mois d'octobre est _____.

2. On fait du ski _____.

3. Les mois d'avril et mai sont _____.

4. Le mois de juillet est _____.

5. Les mois de janvier et février sont _____.

3 Allie's penpal Maryse sent her a postcard from France. Unfortunately it rained on the postcard, and some of the words got smudged. Read the postcard and fill in the appropriate seasons.

Salut de Nantes!
Qu'est-ce que tu fais pour t'amuser?
_____, je fais du ski, du patin à glace et du théâtre.
_____, ma famille et moi, nous aimons aller à la plage. J'adore faire du surf et jouer au volley sur la plage! _____, quand je rentre au lycée, je fais du vélo le matin, avant d'aller au lycée. Et toi? Est-ce que tu joues au football américain _____?
_____ où est-ce que tu aimes aller pendant le « Spring Break? »
À bientôt!
Maryse

Alison Harwood
123 Main St.
Centerville, TX 92396
USA

4 Poor Ninette broke her leg on the first day of her ski vacation. Her friends invite her to participate in some activities. Which one can she accept and which one will she have to decline?

faire de la photo	faire du vélo	faire du patin à glace
jouer du piano	faire du jogging	jouer à des jeux vidéo
faire du skate	jouer aux cartes	faire de la vidéo amateur
jouer aux échecs	jouer au hockey	jouer de la guitare

Oui, merci!	Désolée

5 Look at the items pictured below, then tell what sport or activity each teenager likes to do, based on these items.

MODÈLE Jules aime jouer au tennis.

Jules

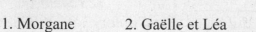

1. Morgane   2. Gaëlle et Léa   3. Rémy et Lise   4. Analiese

1. _____

2. _____

3. _____

4. _____

6 You're reading an American magazine with a French friend who does not know any sports stars. Explain to your friend what each athlete likes to do.

MODÈLE Bode Miller **Il aime faire du ski.**

1. Tony Parker et Michael Jordan _____

2. Lance Armstrong _____

3. Venus et Serena Williams _____

4. Sasha Cohen et Scott Hamilton _____

5. Mia Hamm _____

6. Wayne Gretzky _____

7 Mary-Louise interviewed Chloé about her favorite activities for an article in the school newspaper, but she can't find the list of questions she asked. Help her by filling in a logical question for each of Chloé's statements.

1. _____?

Oui, je fais souvent du sport!

2. _____?

J'aime bien jouer au basket, faire du ski et jouer au tennis.

3. _____?

Non, je ne joue pas au hockey.

4. _____?

Le week-end? Je regarde la télé, je joue à des jeux vidéo avec mon frère et je joue au tennis.

8 Now, Mary-Louise wants to interview you. Answer her questions in French using complete sentences.

1. Qu'est-ce que tu fais comme sport?

_____

2. Est-ce que tu joues du piano? De la guitare?

_____

3. Qu'est ce que tu fais le week-end?

_____

4. Qu'est-ce que tu fais pour t'amuser?

_____

Nom _____ Classe _____ Date _____

Le temps libre

CHAPITRE **5**
GRAMMAIRE 1

The verb *faire*

Here are the forms of the irregular verb **faire** *(to do, to make)*.

je **fais**	nous **faisons**
tu **fais**	vous **faites**
il/elle/on **fait**	ils/elles **font**

---

9 Complète la conversation avec les formes appropriées du verbe **faire.**

Thuy Serge, qu'est-ce que tu (1) _____ pour t'amuser?

Serge En hiver, je (2) _____ du ski et je joue du piano. En été,

mes frères et moi, nous (3) _____ du surf. Et toi? Est-ce

que tu (4) _____ du sport?

Thuy Oui, je (5) _____ du vélo et je joue au tennis. Marianne et

moi, nous (6) _____ du skate-board au parc.

Serge Et ta sœur Cai? Qu'est-ce qu'elle aime (7) _____?

Thuy Cai est paresseuse! Le week-end, Cai et ses copines, elles ne

(8) _____ rien!

10 Claire hasn't seen Béatrice and Dorothée for years. As she shows them her
family photos, her friends ask about the activities everyone participates in. Write
Claire's answers to the following questions using the cue in parentheses.

MODÈLE Est-ce que tu fais de l'aérobic? (ma nièce, Rose)
Non, mais ma nièce Rose fait de l'aérobic régulièrement.

1. Est-ce que ta sœur, Marie, fait du jogging régulièrement? (Alex et Éric)

   _____

2. Ta cousine et toi, est-ce que vous faites de la photo? (mon cousin, Charles)

   _____

3. Est-ce que ton neveu, Simon, fait du théâtre en été? (mon fils et moi)

   _____

4. Est-ce que tes frères font du patin à glace en janvier? (je)

   _____

5. Est-ce que ta cousine, Violette, fait de l'athlétisme au printemps? (Théo)

   _____

Holt French 1   52   Cahier de vocabulaire et grammaire
Copyright © by Holt, Rinehart and Winston. All rights reserved.

Question words

- You've already learned to make questions with **est-ce que** and with intonation.
- To ask for specific information, use one of these question words followed by **est-ce que** and a subject and verb.

quand	*when*	**comment**	*how*
pourquoi	*why*	**qui**	*who*
que (qu')	*what*	**avec qui**	*with whom*
où	*where*		

Où est-ce qu'il fait du vélo?   **Avec qui** est-ce que tu étudies?

- Don't use **est-ce que** after question words when they are followed by a form of the verb **être**.

Où est ta raquette?   **Où** sont tes copains?

---

11 Choisis la réponse appropriée pour chaque question.

_____ 1. Quand est-ce que tu joues au tennis?

_____ 2. Pourquoi est-ce que tu aimes la chimie?

_____ 3. Avec qui est-ce que tu étudies?

_____ 4. Comment est ta copine Lise?

_____ 5. Qu'est-ce que tu fais mercredi après-midi?

_____ 6. Où est la fête?

> a. Avec Charlotte.
> b. Je ne fais rien.
> c. Le samedi matin.
> d. À la MJC.
> e. Elle est petite et rousse.
> f. C'est fascinant!

12 Léo, a new student at Paul's school wants to get to know everyone. Complete each of his questions with a logical question word. Use the answers as a guide.

1. _____ est ton meilleur ami? — Mon meilleur ami, c'est Gabriel.

2. _____ est Gabriel? — Il est grand et brun. Il est marrant et sympa.

3. _____ est-ce que tu fais pour t'amuser? — Je joue au tennis.

4. _____ est-ce que tu joues au tennis? — Avec mon frère Michael.

5. _____ est-ce que vous jouez au tennis? — Le mercredi après-midi.

6. _____ est ton cours de tennis? — Au stade.

7. _____ est-ce que tu aimes les maths? — Parce que c'est facile!

13 Complète la conversation de Lauren et Solange avec des questions logiques.

Lauren (1) _____

Solange Je nage, je joue au foot et je fais du vélo.

Lauren (2) _____

Solange Du vélo? Je fais du vélo au parc.

Lauren (3) _____

Solange Avec Justine et Pascal.

Lauren (4) _____

Solange Nous faisons du vélo l'après-midi, après la sortie du lycée.

Adverbs

- You've already learned the adverbs **souvent** *(often)*, **de temps en temps** *(from time to time)*, **rarement** *(rarely)*, and **régulièrement** *(regularly)*. Adverbs usually go after the verb.

  Nicolas joue **souvent** au foot.

- To form most French adverbs, take the feminine form of an adjective and add **-ment**.   généreuse → généreusement

- Two irregular adverbs are **bien** *(well)* and **mal** *(badly)*.

  Ariane joue **bien** au tennis.

---

14 Complète chaque phrase avec la forme appropriée de l'adverbe.

1. On fait _____ du ski en juillet! (rare)

2. Le prof des arts plastiques dessine très _____. (bon)

3. Ma grand-mère chante _____. (mauvais)

4. Gérald étudie _____ au lycée. (sérieux)

5. Mon père nage _____. (bon)

15 Use the elements listed below to write sentences about these teenagers' activities. Convert the adjectives into adverbs and make any other necessary changes.

1. danser / Zoé et Marc / heureux _____

2. Yves / bon / parler / anglais _____

3. Alice / mauvais / chanter _____

4. facile / Xavier / répondre à / questions du prof _____

_____

16 Divide into two columns the things you generally do when it's nice out, and things you would generally do when the weather is not so nice.

aller au zoo	aller à la plage	faire du jogging	lire
aller à la mer	aller au musée	jouer à des jeux vidéo	faire du vélo

Quand il fait mauvais: Quand il fait beau:

_____   _____

_____   _____

_____   _____

_____   _____

17 Choose the most logical invitations based on the descriptions of the weather.

_____ 1. Il fait froid et il pleut. On va…?
   a. à la mer   b. au lac   c. à la patinoire

_____ 2. Il fait mauvais. Tu viens … avec moi?
   a. au zoo   b. au cybercafé   c. à la plage

_____ 3. Il fait très chaud. Ça te dit d'aller…?
   a. nager au lac   b. jouer au tennis   c. faire du ski

_____ 4. Il neige. Tu as envie de…?
   a. faire du vélo   b. faire du skate   c. jouer à des jeux vidéo

_____ 5. Il y a du soleil. On va…?
   a. au cybercafé   b. à l'opéra   c. à la plage

18 Complete each of the sentences below with the logical place.

MODÈLE J'aime faire du patin à glace. Je vais **à la patinoire**.

1. J'aime surfer sur Internet et manger avec mes amis le soir. Je vais

_____.

2. J'étudie les arts plastiques au lycée. J'aime aller _____.

3. J'aime bien la plage. J'adore aller _____ en vacances.

4. J'adore les animaux. Je vais souvent _____.

5. J'aime faire du ski en hiver. Je vais souvent _____.

6. Je vais souvent _____ pour étudier.

19 Mark is having trouble in French class. Tell whether each of his sentences is logical (**L**) or illogical (**I**). Rewrite the illogical sentences to make them logical.

_____ 1. Quand il pleut, on fait du vélo.

_____

_____ 2. Quand il neige, on aime aller nager au lac.

_____

_____ 3. Il neige au Québec en hiver.

_____

_____ 4. On fait du ski à la montagne quand il fait très chaud.

_____

_____ 5. Il fait toujours très beau à Paris en hiver.

_____

20 Choisis la réponse logique pour chaque question.

_____ 1. Où est-ce qu'on joue au basket-ball?

_____ 2. Qu'est-ce qu'on fait en français vendredi?

_____ 3. Tu vas faire quoi ce soir?

_____ 4. Avec qui est-ce que tu vas faire les magasins?

_____ 5. Qu'est-ce que tu vas faire s'il neige?

_____ 6. Tu vas faire quoi cet été?

> a. Je vais voir un film à 8h.
> b. Avec ma sœur et ma mère.
> c. Il y a un examen.
> d. Au parc.
> e. Je vais travailler et aller en vacances.
> f. Rien de spécial.

21 Juliette and Roméo have been instant messaging each other all evening. The lines are now jumbled and Juliette can't remember what they decided to do this weekend. Help her avoid a scheduling tragedy by numbering the sentences.

_____ On va au cybercafé dimanche après-midi?

__1__ Juliette, qu'est-ce que tu vas faire samedi matin?

_____ Bonne idée! À quelle heure?

_____ Je vais nager. Tu viens au lac avec moi?

_____ Oui, il va faire beau et chaud samedi, mais dimanche, il va faire mauvais.

_____ Je ne fais rien. Et toi, Roméo?

_____ À deux heures et quart.

_____ Pourquoi pas? Est-ce qu'il va faire chaud samedi?

VOCABULAIRE 2 ·   **CHAPITRE 5**

22 You'd like to do something with a French friend you met recently. Look at the picture of her room. Based on what she has in her room, tell if she is more likely to say **oui** or **non** to each of these suggestions.

_____ 1. Tu as envie d'aller au club de tennis?

_____ 2. On joue au basket-ball?

_____ 3. Tu viens au concert avec moi?

_____ 4. Tu as envie de jouer à des jeux vidéo?

_____ 5. On fait de la photo au lac?

_____ 6. Ça te dit de jouer de la guitare?

23 You are going with some friends to see *Alerte Rouge*, a rock/reggae group, in concert. Your parents want to know every detail of your plans. Answer their questions in complete sentences. Be creative!

Tes parents   À quelle heure est-ce que le concert commence?

      Toi   (1) _____.

Tes parents   Où ça?

      Toi   (2) _____.

Tes parents   Avec qui est-ce que tu vas?

      Toi   (3) _____.

Tes parents   Tu vas faire quoi après le concert?

      Toi   (4) _____.

Tes parents   Quand est-ce que tu vas rentrer à la maison *(to come home)*?

      Toi   (5) _____.

24 Write a note to your French e-pal. Tell him/her what the weather is like in different seasons where you live and what you and your friends like to do in various seasons and weather conditions. Ask what the weather is like where your e-pal lives and what your e-pal likes to do with his/her friends.

_____

_____

_____

_____

_____

_____

_____

Le temps libre

Aller and the **futur proche**
- Here are the forms of the irregular verb **aller** *(to go)*.

je **vais**	nous **allons**
tu **vas**	vous **allez**
il/elle/on **va**	ils/elles **vont**

   Je vais à la piscine avec Yves. *(now, in the present)*
- Use a form of the verb **aller** plus an infinitive to talk about what is going to happen in the near future.

   Demain, je vais jouer au tennis avec Yves. *(in the near future)*

---

25 Complète la conversation suivante avec la forme appropriée du verbe **aller.**

Corentin Est-ce que tu (1) _____ au lac samedi?

Pheng Non, il (2) _____ faire trop froid. Jean et moi, nous

(3) _____ au musée.

Corentin La musée, ça ne me dit rien.

Pheng On pourrait (4) _____ à la montagne.

Corentin Qu'est-ce qu'on (5) _____ faire s'il ne neige pas?

Pheng Nous (6) _____ faire de la photo et de la vidéo amateur.

Corentin Bon, je veux un nouvel appareil photo. Je (7) _____ faire

les magasins!

26 Stéphanie does the same thing every school day. Use what she's doing today to tell what she's going to do tomorrow, using the future with **aller.**

1. Aujourd'hui, Stéphanie étudie l'histoire.

   _____

2. Aujourd'hui, Stéphanie fait de la photo.

   _____

3. Aujourd'hui, Stéphanie va au café avec des copains.

   _____

4. Aujourd'hui, Stéphanie a un cours d'éducation musicale.

   _____

5. Aujourd'hui, Stéphanie rend des livres à la bibliothèque.

   _____

GRAMMAIRE 2   CHAPITRE **5**

> ### *Venir* and the *passé récent*
> • Here are the forms of the irregular verb **venir** *(to come)*.
>
> | | |
> |---|---|
> | je **viens** | nous **venons** |
> | tu **viens** | vous **venez** |
> | il/elle/on **vient** | ils/elles **viennent** |
>
> **Tu viens au stade avec moi?** *Are you coming to the stadium with me?*
> • Use a form of the verb **venir** followed by **de(d')** plus an infinitive to talk about something that just happened.
> **Nous venons d'acheter des skis.** *We just bought some skis.*

27 Aurélie and her friends are making plans to go swimming at the lake. Complete their sentences with the appropriate form of the verb **venir.**

1. Daniel et Nathan _____ à neuf heures.

2. Isabelle et Marius, vous _____ avec Daniel et Nathan?

3. Marie-Hélène, tu _____ à midi?

4. Patricia _____ à dix heures.

5. Moi, je ne _____ pas avec Patricia. Je _____ avec Agnès.

6. Agnès et moi, nous _____ à neuf heures et demie.

28 Write a sentence telling what these people just did and what they are about to do, using the cues in parentheses.

MODÈLE Je (faire de l'aérobic / aller au café)
Je viens de faire de l'aérobic. Je vais aller au café.

1. Vous (aller au musée / aller au centre commercial)

_____

2. Mes grands-parents (manger au restaurant / aller au théâtre)

_____

3. Lucas et Samira (faire de l'athlétisme / faire du vélo)

_____

4. Ma sœur, Annette (étudier pour un examen / jouer du piano)

_____

5. Lise et moi (aller à la patinoire / aller au cybercafé)

_____

---

29 Next week Monsieur Clément wants to go to the mountains, while Madame Clément wants to go to the beach. Write some sentences each might use to try and persuade the other.

Monsieur Clément   **Madame Clément**
Nous venons d'aller à la plage.   Je n'ai pas de skis.

_____   _____

_____   _____

_____   _____

_____   _____

Idioms with *avoir*

Here are some expressions that use **avoir.**

avoir besoin de	*to need*	**avoir chaud**	*to feel hot*
avoir faim	*to be hungry*	**avoir froid**	*to feel cold*
avoir soif	*to be thirsty*	**avoir sommeil**	*to be sleepy*
avoir envie de	*to feel like (doing something)*		

---

30 Write a sentence telling how these people probably feel, based on what they just did. Use an expression with **avoir** in each of your sentences.

MODÈLE Patrice vient de travailler au zoo. **Il a sommeil.**

1. Je viens de faire du ski. Il neige et il fait mauvais!

   Je/J' _____.

2. Agnès vient d'étudier son cours de physique jusqu'à *(until)* une heure du matin.

   Elle _____.

3. M. et Mme Réchaud viennent de faire du jogging et de l'athlétisme.

   Ils _____.

4. Nous venons d'aller à la plage. Il y a du soleil.

   Nous _____.

5. Vous venez de manger beaucoup de frites.

   Vous _____.

6. Tu viens de faire du patin à glace. Tu n'as pas de sweat-shirt.

   Tu _____.

VOCABULAIRE 1   CHAPITRE **6**

7 Choisis la meilleure réponse à chaque question, d'après les info   ions données.

_____ 1. Elle est comment, la tartine? (you wish you had the re
   a. Pas bonne du tout!
   b. Elle est délicieuse!
   c. Pas mauvaise.

_____ 2. Comment tu trouves le café? (too bitter for your taste)
   a. Excellent!
   b. Pas bon du tout!
   c. Pas mauvais.

_____ 3. Elle est bonne, la banane? (brown and mushy)
   a. Oui, délicieuse!
   b. Pas mauvaise.
   c. Non, elle est vraiment mauvaise.

_____ 4. Il est comment, le pamplemousse? (sweet and red)
   a. Pas mauvais.
   b. Pas bon du tout!
   c. Excellent!

_____ 5. Ils sont bons, les œufs? (they are uncooked and runny)
   a. Non, ils sont vraiment mauvais.
   b. Oui, délicieux!
   c. Non, elles sont excellentes.

_____ 6. Il est bon, le croissant? (light and buttery)
   a. Pas mauvais.
   b. Délicieux.
   c. Pas bon du tout!

8 Tu prends ton petit-déjeuner avec un copain français, Antoine. Complète ta
conversation avec Antoine de façon logique.

Antoine   Qu'est-ce que tu veux prendre?

   Toi   (1) _____

Antoine   Tu veux une banane?

   Toi   (2) _____

Antoine   Tu reprends du jus d'orange?

   Toi   (3) _____

Antoine   Il est comment, le croissant?

   Toi   (4) _____

The partitive

- To say that you want *part of* or *some of* an item, use the partitive articles.

Masculine singular noun	**du** lait
Feminine singular noun	**de la** confiture
Singular noun beginning with a vowel (masculine or feminine)	**de l'**omelette
Plural noun	**des** céréales

- To say that you want *a whole item (or several items)* use the indefinite articles **un, une,** and **des.**

---

9 Justine and Agathe are looking over the menu for Café Étoile. Justine has eaten there before, but this is Agathe's first visit. Underline the correct article in each sentence to complete their conversation.

Justine   Je viens souvent manger ici. (Le / La) petit-déjeuner est délicieux.

Agathe   Qu'est-ce que tu vas prendre? (Des / Un) croissant ou (des / un) toast?

Justine   Je vais prendre (une / un) tartine avec (des / de la) confiture. Et toi, qu'est-ce que tu vas prendre?

Agathe   Je ne sais pas. Je pense prendre (du / des) œufs.

Justine   (L' / Les) œufs ici sont excellents!

Agathe   Bon. Je vais prendre (un / des) œufs et (des / un) café au lait.

10 You are applying for a job as a server at a small French restaurant in town. You want to make sure your French sounds good, so you practice by asking these questions. Be sure to fill in the correct article, **de la, du, de l', un, une,** or **des.**

1. Bonjour Madame. Vous voulez _____ chocolat?

2. Vous voulez _____ banane?

3. Bonjour, monsieur Lafitte. Vous voulez _____ tartine

   ou _____ croissant?

4. Tu reprends _____ œufs?

5. Et toi, Louisa, tu veux _____ céréales?

6. Marion, il te faut _____ couteau ?

7. Rodolphe, tu veux _____ confiture avec ton croissant ?

-ir verbs
Here are the forms of the regular **-ir** verb **finir** *(to finish)*.

je **finis**	nous **finissons**
tu **finis**	vous **finissez**
il/elle/on **finit**	ils/elles **finissent**

Nous **finissons** nos devoirs à la bibliothèque.
Other verbs: **choisir, maigrir, grossir, grandir, réussir (à)**

11 Choisis la forme correcte du verbe pour compléter chaque phrase.

_____ 1. Nicole _____ le cahier rouge.
   a. choisis   b. choisir   c. choisit

_____ 2. Est-ce que vous _____ toujours quand vous faites souvent de l'aérobic?
   a. maigrissez   b. maigrissons   c. maigris

_____ 3. Zoé et moi allons _____ à l'examen de biologie.
   a. réussir   b. réussissez   c. réussissons

_____ 4. Les enfants _____ quand ils mangent bien.
   a. grandit   b. grandissent   c. grandit

_____ 5. J'ai chaud quand je _____ un match de tennis.
   a. finit   b. finir   c. finis

_____ 6. Si on mange souvent du chocolat, on _____ .
   a. grossit   b. grossis   c. grossissons

12 Complète les phrases avec la forme correcte du verbe entre parenthèses.

1. Nous _____ toujours le petit-déjeuner français au Café Monet. (choisir)

2. Frédéric _____ toujours à ses examens de maths. (réussir)

3. Tu _____ plus *(more)* rapidement que Jacques. (grandir)

4. Vous êtes très mince! Comment est-ce que vous _____? (maigrir)

5. Je _____ toujours mon petit-déjeuner avant d'aller à l'école. (finir)

6. M. et Mme Martin _____ en hiver. Ils ne font pas d'exercice et ils mangent beaucoup! (grossir)

13 Réponds aux questions suivantes avec des phrases complètes.

    1. Est-ce que tu manges toujours des céréales au petit-déjeuner?

    _____

    2. Qu'est-ce que tu aimes boire quand tu as soif?

    _____

    3. À quelle heure est-ce que tu prends ton petit-déjeuner le week-end?

    _____

The verb *vouloir*

• Here are the forms of the irregular verb **vouloir** *(to want)*.

je **veux**	nous **voulons**
tu **veux**	vous **voulez**
il/elle/on **veut**	ils/elles **veulent**

    Je voudrais is a more polite form of **je veux**.

---

14 You just got an email from your friend Lauren, but it looks like a virus deleted some of her words. Fill in the correct forms of the verb **vouloir.**

Qu'est-ce que tu (1)_____ faire ce week-end? Ma sœur et

moi (2) _____ faire les magasins samedi matin.

Elle (3) _____ trouver un nouveau sac à dos, et moi,

je (4) _____ acheter un nouveau MP3. Est-ce que tu (5)

_____ venir avec nous? Et mes frères,

ils (6) _____ voir le nouveau film de Depardieu au Palais

cet après-midi. Je vais avec eux. Tu viens?

---

15 Now write a response to Lauren's email. Accept her invitation or suggest different activities.

_____

_____

_____

_____

_____

_____

16 Est-ce que c'est une boisson *(beverage)* ou un plat principal *(main dish)*?

de la grenadine	du poulet	une pizza	du lait
du poisson	du coca	de l'eau minérale	une omelette
du chocolat chaud	du porc	un croque-monsieur	du steak

Des boissons

_____
_____
_____
_____
_____
_____
_____

Des plats

_____
_____
_____
_____
_____
_____
_____

17 Add a logical item to each series.

1. le coca, la grenadine, l'eau minérale, _____

2. le poisson, le poulet, le jambon, _____

3. bien cuit, à point, _____

4. le pain, les pâtes, le croissant, _____

5. le dîner, le petit-déjeuner, le repas, _____

18 Choisis la réponse logique pour chaque question.

_____ 1. Qu'est-ce que vous me conseillez?

_____ 2. Qu'est-ce que vous avez comme boissons?

_____ 3. Encore de l'eau?

_____ 4. Vous désirez autre chose à manger?

_____ 5. Est-ce que vous avez des sandwichs?

_____ 6. Comment tu trouves le croissant?

a. Non, merci. Je n'ai plus soif.
b. Excellent!
c. Je vous recommande le steak.
d. Oui. Nous avons des sandwichs au jambon ou des sandwichs au fromage.
e. Oui, s'il vous plaît. Je veux de la salade.
f. Nous avons de la limonade, de l'eau minérale et du coca.

19 Write **S** next to the things **un serveur/une serveuse** would most likely say and **C** next to the things **un client/une cliente** would say.

_____ 1. Vous désirez autre chose?

_____ 2. Le service est compris?

_____ 3. L'addition, s'il vous plaît.

_____ 4. Qu'est-ce que vous avez comme boissons?

_____ 5. Je vous recommande le poulet.

_____ 6. Oui monsieur, tout de suite.

_____ 7. C'est combien, la salade?

20 Marius is having lunch at **Cafette** with some friends. Look over the menu, and then make a recommendation to each person based on the information below.

CAFETTE

Plats		Boissons	
Omelette	7,00€	Eau minérale	2,00€
Pâtes	7,00€	Limonade	3,00€
Croque-monsieur	5,50€	Grenadine	2,50€
Sandwich au jambon	6,00€	Café	1,50€
au fromage	5,50€	Thé	1,50€
au saucisson	6,00€		
Steak-frites	10,00€	**Desserts**	
Poulet-légumes	8,50€	Tarte aux pommes	4,00€
		Glace au chocolat	4,00€

Service compris 15 %

---

1. Catherine a très faim. Elle ne mange pas de viande *(meat)*.

   Je te recommande _____ .

2. Marius a très faim aussi! Il aime bien la viande.

   Je te recommande _____ .

3. Alain et Isabelle n'ont pas très faim.

   Je vous recommande _____ .

4. Yvonne a très soif!

   Je te recommande _____ .

5. Éric veut prendre un dessert. Il aime les fruits.

   Je te recommande _____ .

21 You and your friends just ate at **Cafette**. Look over what everyone ordered and figure out how much each person owes, using the menu from Activity 20.

Martine	Aïce	Siméon	Jérôme
1 omelette 1 grenadine 1 glace au chocolat	1 steak-frites 1 eau minérale 1 café	1 sandwich au fromage 2 limonades 1 tarte aux pommes	1 poulet-légumes 1 grenadine 1 café

22 You're going to order food from **Cafette** for your co-workers. Use the menu from Activity 20 to answer your co-workers' questions.

1. C'est combien, les pâtes?

_____

2. Qu'est-ce qu'ils ont comme sandwichs?

_____

3. Est-ce qu'ils ont du poisson?

_____

4. Le service est compris?

_____

5. C'est combien, la glace au chocolat?

_____

23 Tu viens de finir de déjeuner au restaurant. Complète ta conversation avec la serveuse en écrivant des phrases complètes.

La serveuse   Vous désirez autre chose?

Toi   (1) _____ .

La serveuse   Oui, tout de suite.

Toi   (2) _____ .

La serveuse   Non, le service n'est pas compris.

Toi   (3) _____ .

La serveuse   Un coca, c'est 3,50 euros.

Toi   (4) _____ .

Bon appétit!

The verb *prendre*

Here are the forms of the irregular verb **prendre** *(to take, to have food or drink)*. Notice the spelling changes in the stem of the verb.

je **prends**	nous **prenons**
tu **prends**	vous **prenez**
il/elle/on **prend**	ils/elles **prennent**

Nous **prenons** une pizza et du coca.

---

24 Camille is having lunch at a French café with her American cousins, Martin and Louis, who are just beginning to learn French. Write the correct form of the verbs *prendre*, *apprendre*, ou *comprendre*, to complete their conversation.

Camille Est-ce que vous (1) _____ le menu en français?

Martin Oui, nous (2) _____ le français au lycée.

Louis Qu'est ce-que tu (3) _____, Camille?

Camille J'ai faim! Je (4) _____ du poisson, de la salade et de l'eau minérale. Et toi?

Louis Moi, j'ai sommeil—je (5) _____ du café.

Martin Je ne (6) _____ pas le mot "croque-monsieur". Qu'est-ce que c'est?

Camille Ça, c'est un sandwich au jambon et au fromage; c'est bon!

Martin Excellent. Je vais (7) _____ le croque-monsieur.

25 Mets les mots dans le bon ordre. Utilise la forme correcte de chaque verbe.

1. du poisson / Gwendoline et Marie-Eve / au dîner / prendre

_____

2. au lycée / apprendre / je / l'espagnol

_____

3. Simon / est-ce que / du lait / reprendre

_____

4. l'addition / nous / comprendre / ne...pas

_____

5. apprendre / l'anglais / vous / est-ce que

_____

The imperative

- To form the imperative (command) in French, use the present tense **tu, vous,** or **nous** form of the verb without the subject.
- The **nous** and **vous** forms of regular **-er** verbs are the same in the imperative as they are in the present tense. (**Parlons! Parlez!**)
- To form a command using the **tu** form of a regular **-er** verb, drop the **s** from the end of the verb. (tu parles ⟶ **Parle!**)
- If the verb is not a regular **-er** verb, the command forms are the same as the present tense forms. (**Fais! Prenons! Attendez!**)
- The **tu** command form of **aller** is irregular: **tu vas ⟶ Va à l'école!**
- To make a negative command, put **ne** before the verb and **pas** after it.

26 Est-ce qu'on donne ces ordres à **a)** Marc ou à **b)** Sabine et Nathan?

_____ 1. Réussis à l'examen!

_____ 2. Ne vendez pas vos livres!

_____ 3. Allez à la bibliothèque!

_____ 4. Prends du lait!

_____ 5. Ne fais pas de vélo maintenant!

27 Make each of these commands negative.

1. Donne de la tarte au chat! _____

2. Achetons un lecteur de DVD! _____

3. Parlez anglais! _____

4. Finis tes devoirs après minuit! _____

5. Reprenons du steak! _____

28 Zoé's parents are away on their second honeymoon, and they left a bossy aunt in charge. What does the aunt tell Zoé and her brother Alex to do in these situations?

MODÈLE Ils ne veulent pas parler français. **Parlez français!**

1. Zoé ne veut pas étudier les maths. _____

2. Ils ne veulent pas manger de légumes. _____

3. Alex ne veut pas faire ses devoirs. _____

4. Ils ne veulent pas aller à l'école. _____

5. Zoé veut manger une tarte. _____

6. Ils veulent regarder la télé. _____

29 First, look at the illustration below and try to imagine what the people are saying. Then, write an eight to ten line conversation for the illustration in the space provided. You may use the menu from Activity 20 for items and prices.

_____

_____

_____

_____

_____

_____

_____

_____

_____

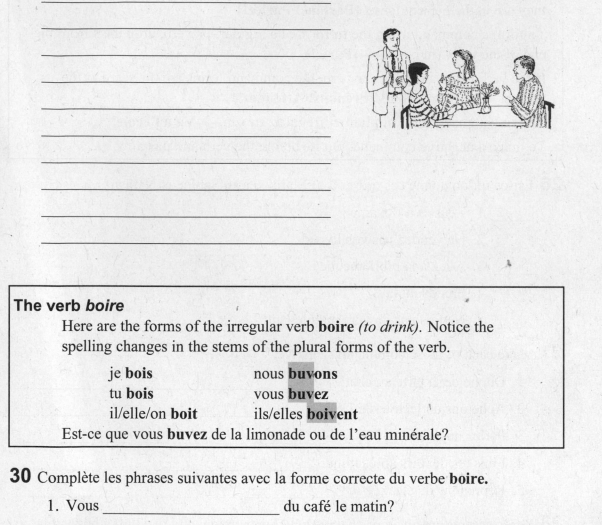

The verb *boire*

Here are the forms of the irregular verb **boire** *(to drink)*. Notice the spelling changes in the stems of the plural forms of the verb.

je **bois**	nous **buvons**
tu **bois**	vous **buvez**
il/elle/on **boit**	ils/elles **boivent**

Est-ce que vous **buvez** de la limonade ou de l'eau minérale?

---

30 Complète les phrases suivantes avec la forme correcte du verbe **boire**.

1. Vous _____ du café le matin?

2. Marine _____ toujours de l'eau minérale quand elle fait de l'aérobic, mais moi, je _____ du jus d'orange.

3. Est-ce que tu _____ du chocolat en hiver?

4. Les élèves et les professeurs ne _____ pas de coca au lycée.

5. Quand ils font un pique-nique, ils aiment _____ de la limonade.

6. Mes enfants et moi, nous _____ du lait le matin et le soir.

On fait les magasins?

1 La famille d'Aimée a organisé un voyage surprise. Aide-la à tri~ *(to sort)* ses vêtements pour des vacances s'il fait chaud et des vacances s'il f~ ~oid.

un anorak	un pull	un chemisie~ ~lin
une robe en coton	une jupe en soie	des chaussett~ ~ laine
un manteau	une écharpe	des lunettes de ~ ~il
des bottes	une casquette	des sandales

S'il fait froid:	S'il fait chaud:
_____	_____
_____	_____
_____	_____
_____	_____
_____	_____

2 Toufik a un entretien *(interview)* pour un travail dans l'entreprise *(company)* de sa mère. Il ne sait pas ce qu'il doit mettre. Fais un ✓ à côté des vêtements appropriés.

_____ 1. une cravate en soie   _____ 5. une jupe rose

_____ 2. une chemise blanche   _____ 6. un chapeau jaune et orange

_____ 3. des chaussures noires   _____ 7. un costume

_____ 4. un pantalon en cuir rouge   _____ 8. un jean étroit

3 Underline the item in each list that is <u>inappropriate</u> for the situation described.

1. Emmanuel va promener le chien, mais il pleut. Il va porter...

des bottes   un chapeau   un imperméable   des lunettes de soleil

2. Inès va à l'opéra. Elle peut porter...

une jupe   une jolie robe   une casquette   un tailleur en soie

3. La famille Sefraoui va faire un pique-nique. Il fait chaud, ils portent...

un short   une écharpe   un pantalon en lin   un tee-shirt en coton

4. Adama va à la plage en août. Elle va prendre...

des bottes   des sandales   un grand chapeau   des lunettes de soleil

4 Remets cette conversation entre la vendeuse *(saleswoman)* et la cliente dans le bon ordre.

_____ Non. Il ne porte jamais de cravate.

__1__ Bonjour, mademoiselle. Je peux vous aider?

_____ Il est joli, ce pull. Vous l'avez en 40?

_____ C'est combien le pull?

_____ Bien sûr, mademoiselle.

_____ Qu'est-ce que vous pensez de ce pull en laine noir?

_____ Oui, je cherche quelque chose pour mon grand-père.

_____ Oui, c'est parfait! Je le prends.

_____ Une cravate peut-être *(maybe)?*

_____ C'est 80 euros. Vous aimez?

5 Décris ce que chaque personne porte. Imagine la couleur et le tissu *(fabric)* des vêtements. Qu'est-ce que chaque personne fait ou va faire, à ton avis?

1. _____

_____

_____

2. _____

_____

_____

3. _____

_____

_____

4. _____

_____

6 Tu as entendu ces commentaires dans un magasin de vêtements. Mets un ✓ à côté des compliments et un **X** à côté des critiques.

_____ 1. Franchement, il est un peu tape-à-l'œil.

_____ 2. Il est élégant.

_____ 3. Elle te va très bien.

_____ 4. Il ne te va pas du tout.

_____ 5. C'est tout à fait toi!

_____ 6. C'est très joli!

_____ 7. Elle est horrible!

_____ 8. C'est tout à fait ton style!

_____ 9. Elle est trop large.

7 Complète cette conversation entre le vendeur, monsieur N'Diaye, et Charles avec des mots et des expressions logiques.

M. N'Diaye (1) _____ monsieur?

Charles Oui, je (2) _____ pour aller avec ce pantalon.

M. N'Diaye (3) _____ ce pull vert et orange?

Charles Franchement, il est (4) _____.
Vous avez une chemise beige ou bleue?

M. N'Diaye Bien sûr. (5) _____, cette chemise-ci en soie?

Charles Oui, elle est élégante. (6) _____ en 38?

M. N'Diaye Oui, voilà.

Charles (7) _____, la chemise?

M. N'Diaye Oui! (8) _____ très bien.

8 Réponds aux questions suivantes au sujet de ce que tu aimes porter.

1. Qu'est-ce que tu aimes porter pour aller au lycée?

_____

2. Qu'est-ce que tu aimes porter pour sortir avec tes copains?

_____

3. Chez toi *(Where you live),* qu'est-ce qu'on porte en hiver?

_____

On fait les magasins?

Demonstrative adjectives

• Use demonstrative adjectives to say *this, that, these,* and *those.*

	Singular	Plural
Masculine beginning with a consonant	**ce** chemisier	**ces** chemisiers
Masculine beginning with a vowel sound	**cet** anorak	**ces** anoraks
Feminine	**cette** cravate	**ces** cravates

• Add **-ci** *(this, these)* or **-là** *(that, those)* to the end of the noun to distinguish things that are near from things that are further away.

> J'aime **cette** écharpe-**ci,** mais je préfère **cette** écharpe-**là.**
>
> *I like this scarf, but I prefer that scarf.*

9 Souligne *(Underline)* la forme appropriée de l'adjectif démonstratif.

1. J'aime beaucoup (ce / cette / ces) lunettes de soleil.

2. Qu'est-ce que tu penses de (ces /cet / cette) veste en jean?

3. Tran porte (ce / cet / cette) imperméable quand il pleut.

4. Ma sœur et moi allons porter (ces / ce / cette) robes ce soir.

5. Mme Tissot va acheter (cet / cette / ce) écharpe pour M. Tissot.

6. Je peux essayer (ces / ce / cette) chaussures en 45?

10 Imagine que tu vas acheter des vêtements. Le vendeur te montre deux articles à la fois. Utilise *ce, cet, cette,* ou *ces,* pour lui dire que tu aimes un article plus que l'autre.

MODÈLE *des sandales*: J'aime ces sandales-ci, mais je n'aime pas ces sandales-là.

1. une écharpe _____

2. un pull _____

3. un anorak _____

4. des jupes _____

5. un costume _____

6. des chemisiers _____

Interrogative adjectives

• Here are the forms of the interrogative adjective **quel** *(which, what)*.

	Singular	*Plural*
Masculine	**Quel** chemisier?	**Quels** chemisiers?
Feminine	**Quelle** cravate?	**Quelles** cravates?

• Use a form of **quel** when <u>what</u> is followed by a noun or by the verb **est** or **sont**. Use **qu'est-ce que** to say *what* in most other cases.

• You can also use a form of **quel** as an exclamation, as in *What a ....!*

---

11 Complète les phrases suivantes avec la forme appropriée de **quel**.

1. _____ est ta casquette préférée?

2. _____ foulards est-ce que tu aimes?

3. _____ lunettes de soleil est-ce que tu vas acheter?

4. _____ tailleur est trop serré?

5. _____ sont tes chemisiers préférés?

6. _____ jolie robe!

12 Écris une question logique pour chaque réponse en utilisant **qu'est-ce que** ou la forme appropriée de l'adjectif interrogatif **quel.**

1. —_____?
   — Ce week-end, je vais aller au cinéma et au restaurant avec Alex.

2. —_____?
   — Moi, je préfère ce pull vert.

3. —_____?
   — Mon magasin préféré, c'est Boutique N'diaye!

4. —_____?
   — Pour aller à la plage, j'aime porter un short, un tee-shirt et un chapeau.

5. —_____?
   — J'aime ces bottes marron, mais j'aime mieux ces bottes-là en cuir noir.

13 Regarde l'illustration et crée la conversation entre Mona et la vendeuse.

_____

_____

_____

_____

_____

_____

_____

The verb *mettre*

Here are the forms of the irregular verb **mettre** *(to put; to put on clothes, shoes, or accessories)*.

je **mets**	nous **mettons**
tu **mets**	vous **mettez**
il/elle/on **met**	ils/elles **mettent**

---

14 Complète les phrases suivantes avec la forme correcte du verbe **mettre**.

1. Je _____ toujours un jean pour aller au lycée.

2. Qu'est-ce que vous _____ quand il fait froid?

3. Ils ne _____ jamais de robe.

4. Demain, est-ce que tu _____ ton anorak?

5. Nous _____ des bottes en hiver.

15 Mets ces mots dans le bon ordre. Fais tous les changements nécessaires.

1. nous / mettre / ce / sandales / -ci

_____

2. mettre / jean / bleu / je / un / aller / cinéma / à / pour

_____

3. David et André / pull / toujours / mettre / un rouge

_____

4. théâtre / quel / tu / à / aller / mettre / pour / costume / est-ce que

_____

5. pleut / un / vous / quand / imperméable / il / est-ce que / mettre

_____

On fait les magasins?

16 Would you find each of these items in **a) le rayon maroquinerie, b) le rayon bijouterie** or **c) le rayon sport et plein-air?**

_____ 1. des boucles d'oreilles   _____ 4. un collier

_____ 2. un masque de plongée   _____ 5. des gants

_____ 3. un parapluie   _____ 6. un coupe-vent

17 Complète les mots-croisés *(crossword puzzle)* avec les mots qui conviennent.

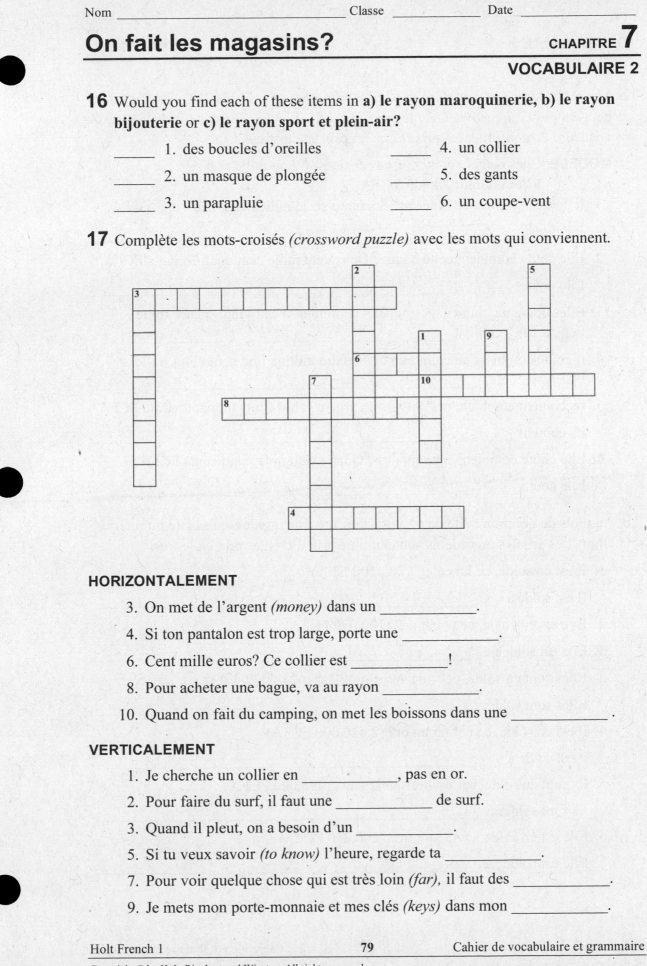

HORIZONTALEMENT

3. On met de l'argent *(money)* dans un _____.

4. Si ton pantalon est trop large, porte une _____.

6. Cent mille euros? Ce collier est _____!

8. Pour acheter une bague, va au rayon _____.

10. Quand on fait du camping, on met les boissons dans une _____.

VERTICALEMENT

1. Je cherche un collier en _____, pas en or.

2. Pour faire du surf, il faut une _____ de surf.

3. Quand il pleut, on a besoin d'un _____.

5. Si tu veux savoir *(to know)* l'heure, regarde ta _____.

7. Pour voir quelque chose qui est très loin *(far)*, il faut des _____.

9. Je mets mon porte-monnaie et mes clés *(keys)* dans mon _____.

18 Marine et Alexia entrent dans une bijouterie, **Cher,** très chère de Dakar. Elles ne peuvent pas croire *(to believe)* les prix qui sont affichés. Elles demandent à la vendeuse de confirmer les prix. Écris les prix en chiffres.

MODÈLE Elles coûtent combien, ces chaînes? Vingt mille FCFA.
      Elles coûtent 20.000 FCFA.

1. Il coûte combien, ce bracelet? Soixante-seize mille deux cent vingt FCFA.

   Il coûte _____.

2. Elle coûte combien, cette bague? Deux cent mille cent quatre-vingts FCFA.

   Elle coûte _____.

3. Elles coûtent combien, ces boucles d'oreilles? Cent vingt-quatre mille FCFA. Elles coûtent _____.

4. Il coûte combien, ce collier en or? Quatre million huit cent vingt mille FCFA. Il coûte _____.

5. Ils coûtent combien, ces colliers en argent? Huit cent cinquante mille FCFA.

   Ils coûtent _____.

6. Elle coûte combien, cette montre? Quatre cent mille cinq cents FCFA.

   Elle coûte _____.

19 Au mois de décembre Alexia remarque qu'il y a des soldés dans cette bijouterie, **Cher**. Les articles précédents sont à moitié prix. Écris les prix en lettres.

1. Il est en solde, ce bracelet? (38.110 FCFA)

   Il est soldé à _____.

2. Elle est en solde, cette bague? (100.090 FCFA)

   Elle est soldée à _____.

3. Elles sont en solde, ces boucles d'oreilles? (62.000 FCFA)

   Elles sont soldées à _____.

4. Il est en solde, ce collier en or? (2.410.000 FCFA)

   Il est soldé à _____.

5. Ils sont en solde, ces colliers en argent? (425.000 FCFA)

   Ils sont soldés à _____.

6. Elle est en solde, cette montre? (200.250 FCFA)

   Elle est soldée à _____.

20 Qui dit quoi? Écris un **C** pour le client et un **V** pour le vendeur.

_____ 1. Vous avez décidé?

_____ 2. Elles sont en solde, les jumelles?

_____ 3. Vous préférez ce bracelet-ci ou ce bracelet-là?

_____ 4. Elle coûte combien, cette canne à pêche?

_____ 5. Je peux vous montrer les sacs en cuir?

21 Choisis la réponse la plus logique pour chaque question ou phrase.

_____ 1. Le parapluie jaune et noir coûte 90.000 FCFA.
   a. Il est cher!
   b. Je n'arrive pas à me décider
   c. Je voudrais en acheter dix!

_____ 2. Ça fait combien en tout?
   a. Oui, il est soldé à 475.000 FCFA.
   b. Je n'arrive pas à me décider.
   c. Alors, ça fait 10.000 FCFA, s'il vous plaît.

_____ 3. Je peux vous montrer ce collier?
   a. Oui, est-ce qu'il est en argent?
   b. Non, il ne te va pas du tout.
   c. Oui, j'aime faire du camping.

_____ 4. Ces chaussures de randonnée coûtent 160.500 FCFA. Vous les prenez?
   a. Non, c'est une bonne affaire.
   b. Non, je trouve qu'elles sont un peu trop chères.
   c. Non, ça fait combien?

22 Complète cette conversation avec les mots et les phrases logiques.

Bosco (1) _____ ?

La vendeuse Cette tente-ci? Elle coûte deux cent cinquante euros.

Bosco (2) _____ .

La vendeuse Oui, normalement elle coûte trois cents euros.

Bosco Et cette glacière, elle coûte combien?

La vendeuse (3)_____

Bosco (4) _____ .

La vendeuse Ça fait trois cents euros. Je peux vous montrer des jumelles?

Bosco (5) Non, _____ .

On fait les magasins?

The *passé composé* of *-er* verbs

• Use the **passé composé** to tell what happened in the past. To form the **passé composé** of most verbs, use the present tense form of **avoir** as a helping verb and add the past participle. To form the past participle of regular **-er** verbs, take off **-er** and add **é.**

j'**ai montré**	nous **avons montré**
tu **as montré**	vous **avez montré**
il/elle/on **a montré**	ils/elles **ont montré**

• To make a verb in **passé composé** negative, put **ne... pas** around the helping verb.
Je n'**ai** pas **acheté le portefeuille noir.**

---

23 Complète ces phrases avec la forme appropriée du verbe au passé composé.

1. J'_____ avec mon père à la fête. (danser)

2. Est-ce que Mariama _____ le nouveau CD de *Youssou N'Dour*? (écouter)

3. Mon amie et moi _____ les boucles d'oreilles à la bijouterie. (acheter)

4. Quand est-ce que tu _____ ce maillot de bain? (porter)

5. Roxane et Océane _____ un collier en argent pour la prof de français. (chercher)

6. Est-ce que vous _____ une nouvelle tente pour faire du camping? (acheter)

24 Utilise l'indice *(clue)* entre parenthèses pour répondre logiquement à chaque question.

1. Est-ce que tu as acheté un nouveau coupe-vent? (oui)

    _____

2. Est-ce que Hélène a travaillé au magasin ce week-end? (non)

    _____

3. Est-ce que tes parents ont cherché un collier pour ta grand-mère? (non)

    _____

4. Ta sœur et toi, est-ce que vous avez nagé au lac? (oui)

    _____

5. Est-ce que Brigitte a porté des sandales pour aller au restaurant? (non)

    _____

GRAMMAIRE 2   CHAPITRE **7**

The *passé composé* of irregular verbs

• These verbs use **avoir** to form the **passé composé,** but they have irregular past participles that you will need to memorize.

avoir	**eu**	mettre	**mis**
boire	**bu**	pleuvoir	**plu**
être	**été**	prendre	**pris**
faire	**fait**	voir	**vu**
lire	**lu**	vouloir	**voulu**

Marie-Paule et moi, nous avons fait les magasins hier.

• The **passé composé** of **il y a** is **il y a eu.**

---

25 Écris **PC** (passé composé) si Julie a déjà *(already)* fait ces choses. Écris **F** (futur) si elle va faire ces choses.

_____ 1. Je vais prendre un coca au café.

_____ 2. J'ai fait les magasins avec Hugo.

_____ 3. Je vais mettre une robe et un chapeau pour aller au théâtre.

_____ 4. J'ai vu Amadou au rayon sport et plein-air.

_____ 5. J'ai voulu acheter une montre pour Karine.

_____ 6. Je vais lire un roman au parc.

26 Write complete sentences in the **passé composé** using the words below. Make all necessary changes.

1. Charlotte / voir / palmes / au / rayon sport

_____

2. Monsieur Mercier / ne pas / mettre / nouveau / costume / lundi

_____

3. Sophie et Kristal / être / cybercafé

_____

4. Frédéric / moi / prendre / quiche / déjeuner

_____

5. Madame Petit / boire / chocolat chaud / délicieux / restaurant

_____

6. Les élèves / ne pas / lire / *Madame Bovary*

---

27 Amadou est très sportif et il aime faire les magasins. Écris un e-mail d'Amadou à son copain Martin pour dire ce qu'il a fait et n'a pas fait l'été dernier *(last summer)*. Sois créatif/créative!

_____

_____

_____

_____

_____

_____

_____

Adverbs with the *passé composé*

These adverbs are used to talk about the past. They can be placed at the beginning or the end of a sentence.

> **hier (matin, soir, après-midi)**
> *yesterday (morning, evening, afternoon)*
> **lundi (mardi, ...) dernier**
> *last Monday (Tuesday...)*
> **la semaine dernière (le mois dernier, l'année dernière)**
> *last week (last month, last year)*

---

28 Crée des phrases complètes avec les éléments donnés pour dire ce que Aïce et ses copains ont fait pendant leurs vacances d'été.

Aïce	acheter	acheter des VTTs	hier matin
Aïce et sa mère	jouer	un collier en or bon marché	vendredi dernier
	faire		la semaine
Aïce et Marius	vouloir	un nouveau maillot de bain	dernière
	lire		le mois dernier
Aïce et moi	chercher	un cerf-volant	hier soir
		des magasins à Abidjan	samedi dernier
		un bon roman	
		une bague en argent	

1. _____

2. _____

3. _____

4. _____

5. _____

À la maison

1 Quelles corvées est-ce qu'on fait **a) dans la maison** et lesquelles *(which ones)* est-ce qu'on fait **b) dehors** *(outside)*?

_____ 1. sortir la poubelle

_____ 2. balayer la cuisine

_____ 3. laver la voiture

_____ 4. passer l'aspirateur

_____ 5. tondre la pelouse

_____ 6. promener le chien

_____ 7. ranger sa chambre

_____ 8. mettre la table

2 Malika et sa famille parlent des corvées qu'il faut faire ce week-end. Choisis les mots les plus logiques pour compléter leurs phrases.

1. Papa va vider (les plantes / le lave-vaisselle / la cuisine).

2. Diallo et moi, nous allons nettoyer (les plantes / la table / la pelouse).

3. Maman va faire (l'aspirateur / la poubelle / la cuisine).

4. Je vais débarrasser (la table / la lessive / la pelouse).

5. Diallo va faire (son lit / la table / le chien).

6. Papa, est-ce que tu vas faire (la lessive / le lave-vaisselle / l'aspirateur)?

3 Utilise les images pour écrire ce qu'Oumar et ses amis font à la maison.

MODÈLE Yvette fait la lessive et passe l'aspirateur.

1. Martine   2. Nous   3. Anwar   4. Oumar

1. _____

2. _____

3. _____

4. _____

4 Utilise les informations suivantes pour dire qui fait quoi dans la famille Aimé.

M. Aimé	tondre la pelouse, vider le lave-vaisselle
Mme Aimé	faire la cuisine, passer l'aspirateur
Véro	faire la lessive, débarrasser la table
Mathieu	promener le chien, faire la vaisselle
Basile	mettre la table, ranger le salon
Cléa	faire son lit, arroser les plantes

MODÈLE M. Aimé **tond la pelouse et vide le lave-vaisselle.**

1. Mme Aimé _____ .

2. Véro _____ .

3. Mathieu _____ .

4. Basile _____ .

5. Cléa _____ .

5 Les enfants de la famille Aimé veulent sortir vendredi soir. Leur père leur donne la permission s'ils ont fini ce qu'ils devaient faire. Utilise les informations de l'activité 4.

MODÈLE   Cléa   Tu es d'accord si je vais jouer avec Pauline?

            M. Aimé   D'accord, si tu fais ton lit d'abord.

1. **Mathieu**   Est-ce que je peux aller au café avec des copains ce soir?

   M. Aimé _____

2. **Basile**   Est-ce que je peux aller faire du vélo au parc avec Patrick?

   M. Aimé _____

3. **Véro**   Tu es d'accord si je vais au concert avec des amies?

   M. Aimé _____

6 On est samedi et les enfants de la famille Aimé n'ont toujours pas fait leurs corvées. Quelles réponses est-ce que leur mère va leur donner quand ils vont lui demander l'autorisation de sortir.

1. **Véro**   Tu es d'accord si je vais au cybercafé?

   Mme Aimé _____

2. **Basile**   Est-ce que je peux aller au cinéma?

   Mme Aimé _____

3. **Mathieu**   Est-ce que je peux aller à la MJC ce soir?

   Mme Aimé _____

7 Complète ces phrases avec les mots appropriés. Tu peux utiliser certains mots plus d'une fois.

tous les	d'habitude	c'est toujours
fois par	ne	jamais

1. Pourquoi _____ moi qui arrose les plantes?

2. _____, je fais mon lit le matin, avant d'aller au lycée.

3. Mon père lave la voiture une _____ semaine.

4. Tu _____ tonds _____ la pelouse. _____ moi qui fais ça!

5. Il promène le chien trois _____ jour.

6. Nous balayons la cuisine _____ jours.

7. Elle _____ lave _____ les fenêtres. Elles sont sales!

8 Utilise les mots suivants pour dire quand tu fais les corvées ci-dessous.

tous les jours	d'habitude	c'est toujours
...fois par...	ne... jamais	

1. faire mon lit _____.

2. vider le lave-vaisselle_____.

3. mettre la table_____.

4. sortir la poubelle _____.

5. ranger ma chambre_____

9 Réponds aux questions suivantes pour dire qui fait des corvées chez toi.

1. D'habitude, qui fait la cuisine chez toi?

_____

2. Quelle(s) corvée(s) est-ce que tu détestes faire?

_____

3. Est-ce que tu as une corvée préférée?

_____

4. Combien de fois par semaine est-ce que tu débarrasses la table ou fais la vaisselle?

_____

À la maison

The verbs *pouvoir* and *devoir*

Here are the forms of the irregular verbs **pouvoir** *(can, to be able to)* and **devoir** *(must, to have to).*

je **peux**	nous **pouvons**		je **dois**	nous **devons**
tu **peux**	vous **pouvez**		tu **dois**	vous **devez**
il/elle/on **peut**	ils/elles **peuvent**		il/elle/on **doit**	ils/elles **doivent**

---

10 Complète les phrases avec les formes appropriées du verbe **pouvoir.**

1. L'après-midi, nous _____ jouer au volley.

2. Elles ne _____ pas faire les magasins avec nous.

3. Ève et Michel, vous _____ faire la cuisine ce soir?

4. Xavier _____ parler espagnol.

5. Tu _____ aller au cinéma avec moi vendredi?

11 Éléonore is so busy this week that she didn't have time to complete her e-mail to Gwendoline. Help her out by adding the correct forms of the verb **devoir.**

> Je suis très occupée cette semaine! J'ai un examen d'anglais jeudi, alors je
>
> (1) _____ étudier aujourd'hui et lundi. Le prof dit que nous
>
> (2) _____ écrire tout l'examen en anglais! C'est impossible! Et
>
> ma mère (3) _____ travailler le soir cette semaine, alors ma sœur
>
> et moi (4) _____ faire la cuisine. Heureusement, mon père et
>
> mon frère Julien (5) _____ sortir la poubelle et faire la vaisselle.
>
> Et toi ? Qu'est-ce que tu (6) _____ faire cette semaine? À plus!
>
> Éléonore

12 Choisis un élément de chaque colonne pour écrire quatre phrases logiques.

je	**(ne) devoir (pas)**	**promener le chien**
tu	**(ne) pouvoir (pas)**	**aller au ciné**
Ma copine		**nager**
Nous		**faire son lit**
Mes sœurs (frères)		**tondre la pelouse**

1. _____

2. _____

3. _____

4. _____

Passé composé of –ir and –re verbs

- You've already learned to form the **passé composé** of –er verbs. Most –ir and –re verbs also use **avoir** to form the **passé composé**.

- To form the past participle of –ir verbs, just remove -**r** from the end of the infinitive.

    Ils **ont fini** les corvées?

- To form the past participle of most –re verbs, remove –**re** and add -**u**.

    Je n'**ai** pas **entendu** la question.

---

13 Ton père te demande de faire certaines choses. Réponds que tu as déjà *(already)* fait chaque chose.

MODÈLE Tu dois finir tes devoirs. **J'ai fini mes devoirs ce matin.**

1. Tu dois tondre la pelouse.

   _____

2. Tu peux choisir une boisson.

   _____

3. Tu dois réussir à l'examen de chimie!

   _____

4. Tu dois répondre à ton e-mail.

   _____

5. Sors la poubelle!

   _____

14 Utilise les éléments pour expliquer ce que Mona et ses copains ont fait *(did)* hier. Fais tous les changements nécessaires.

1. Mona et moi / finir / devoirs _____.

2. Mona et Éric / attendre / mère _____.

3. Éric / choisir / collier pour Mona _____.

4. tu / rendre / livres / bibliothèque _____?

5. je / vendre / du coca / MJC _____.

15 Complète cette conversation avec des questions et des phrases logiques.

Célestine	Qu'est-ce que tu as fait hier, Anselme?
Anselme	(1) _____
Célestine	C'est toujours toi qui tonds la pelouse et arroses les plantes?
Anselme	(2) _____
Célestine	Moi, je dois faire la vaisselle et faire la cuisine avec ma mère.
Anselme	(3) _____
Célestine	Demain? Le matin, je dois ranger ma chambre, mais l'après-midi on peut faire quelque chose. Qu'est-ce que tu veux faire?
Anselme	(4) _____
Célestine	Oui, je veux bien. J'adore jouer au tennis!

Negative expressions

- You've already learned the negative expressions **ne... pas** and **ne... jamais.** Other negative expressions include **ne... rien** *(nothing, not anything),* **ne... personne** *(no one),* **ne... plus** *(no longer),* **ne... pas encore** *(not yet),* and **ne... ni... ni** *(neither... nor).*
- Put **ne** before the conjugated verb and **rien, plus,** and **pas encore** after the conjugated verb. Put **personne** after the past participle in a sentence in the **passé composé.** Put **ni... ni** directly in front of the words they refer to (nouns, verbs, or adjectives).

16 Trouve la réponse logique à chaque question.

_____ 1. Qu'est-ce que tu veux faire ce soir?	a. Personne.
_____ 2. Tu joues au tennis ou au volley?	b. Rien. Je veux dormir.
_____ 3. Qui met la table?	c. Non. Je n'étudie plus.
_____ 4. Tu étudies encore *(still)* l'anglais?	d. Je ne joue ni au tennis ni au volley.

17 Complète ces phrases avec l'expression négative appropriée.

1. Margot ne fait _____ la lessive _____ son lit.

2. Il n'y a _____ de lait. Tu veux du jus d'orange?

3. Je n'ai _____ rangé ma chambre. Je vais faire mon lit pour commencer!

4. Non, tu ne peux pas sortir! Tu n'as _____ fait à la maison aujourd'hui!

5. Alex ne met _____ la table. C'est toujours moi!

À la maison

18 Choisis le mot le plus logique pour compléter chaque phrase.

_____ 1. Ton livre? Il est sur _____.
   a. l'escalier   b. l'étagère   c. le lave-vaisselle

_____ 2. Ton nouveau pantalon? Il est dans _____.
   a. le placard   b. le sofa   c. le jardin

_____ 3. Dans ma chambre, il y a un lit, une table de nuit, et _____.
   a. un immeuble   b. une maison   c. une commode

_____ 4. Le lave-vaisselle est dans _____.
   a. la salle de bain   b. la cuisine   c. la salle à manger

_____ 5. Quand Yasmina a sommeil, elle dort dans _____.
   a. un tableau   b. une commode   c. un lit

_____ 6. Vous aimez Monet? Regardez _____.
   a. cette armoire   b. ce tableau   c. ce fauteuil

19 Tu vas habiter dans une nouvelle maison. Dis dans quelle pièce chaque élément va: dans **la chambre** ou dans **le salon.**

1. Le fauteuil va dans _____.

2. La commode va dans _____.

3. Le tapis va dans _____.

4. La table basse va dans _____.

5. L'armoire va dans _____.

6. Le lit va dans _____.

20 Dis où sont ces personnes selon ce qu'ils font.

MODÈLE Rachida et sa mère font la vaisselle. **Elles sont dans la cuisine.**

1. Les Besson prennent le dîner. _____

2. Arthur tond la pelouse et regarde les plantes. _____

3. Je mets mes vêtements dans l'armoire. _____

4. Maman et Papa regardent la télé. _____

5. Sonia lave la vaisselle. _____

6. Nous vidons le lave-vaisselle. _____

21 Est-ce qu'on habite dans un appartement ou dans une maison? Mets un **X** dans la colonne appropriée.

Une maison	Un appartement	
		1. C'est un immeuble de dix étages.
		2. Il y a six pièces et un garage.
		3. Il y a un grand jardin et une piscine privée *(private)*.
		4. Il y a douze familles dans l'immeuble.
		5. On peut voir la tour Eiffel du balcon.
		6. Il y a seulement *(only)* une chambre.

22 Complète les phrases suivantes avec les mots qui conviennent.

premier étage	devant	au fond du
derrière	sous	rez-de-chaussée
sur	en haut	à côté de

1. Quand on mange, les assiettes sont _____ la table.

2. D'habitude, on entre dans un immeuble au _____.

3. Notre appartement est _____ couloir.

4. Elle porte un t-shirt _____ son pull.

5. D'habitude le prof se trouve *(is found)* _____ la classe.

6. Chez moi, les chambres sont _____, pas en bas.

23 C'est la première fois que Tanguy est chez toi et il est complètement perdu *(lost)*. Chaque pièce ou chose est à l'opposé de ce qu'il pense. Explique-lui où chaque pièce ou chose est.

1. La chambre de tes parents est en haut?

_____

2. Les toilettes sont à gauche de ta chambre?

_____

3. Ton chat est sur ton lit?

_____

4. La cuisine est au premier étage?

_____

24 Mets cette conversation entre Carole et Juste dans le bon ordre.

_____ Cinq: la salle à manger, le salon, la chambre de mes parents et la chambre de ma sœur et ma chambre.

__1__ Carole, est-ce que tu habites dans une maison ou un appartement?

_____ Où se trouve ta chambre?

_____ Qu'est-ce qu'il y a en bas?

_____ J'habite dans une maison.

_____ Une maison, bon. Euh, il y a combien de pièces chez toi?

_____ La cuisine, la salle à manger et le salon.

_____ Elle est en haut, à côté de la chambre de mes parents.

25 Réponds aux questions suivantes en phrases complètes.

1. Est-ce que tu habites dans une maison ou un appartement?

_____

2. Combien de pièces est-ce qu'il y a chez toi?

_____

3. Combien de chambres est-ce qu'il y a chez toi?

_____

4. D'habitude, où est-ce que ta famille dîne?

_____

5. Est-ce qu'il y a un jardin chez toi ou est-ce que tu joues au parc?

_____

6. Est-ce qu'il y a une télévision dans le salon? Dans ta chambre?

_____

26 Ton ami(e) sénégalais(e) vient te rendre visite. Écris-lui une lettre pour lui décrire ta maison.

_____

_____

_____

_____

_____

À la maison

The verbs *dormir, sortir,* and *partir*

- The verbs **dormir, sortir,** and **partir** follow a different pattern than the **-ir** verbs you learned in Chapter 6. To make the plural forms of these verbs, take off **-ir** and add the endings **-ons, -ez, -ent.**

je **dors/pars/sors**	nous **dormons/partons/sortons**
tu **dors/pars/sors**	vous **dormez/partez/sortez**
il/elle/on **dort/part/sort**	ils/elles **dorment/partent/sortent**

Nous **partons** à huit heures.

Michel et Paul **dorment** dans leur chambre.

Vous **sortez** ce soir?

---

27 Choisis la forme appropriée du verbe pour compléter ces phrases.

_____ 1. Il est minuit et Manon va aller dans sa chambre. Elle va _____.
   a. dort   b. dors   c. dormir

_____ 2. À huit heures, les enfants _____ pour aller à l'école.
   a. partent   b. partons   c. part

_____ 3. Charles et Eugène font du camping. Ils _____ sous une tente.
   a. dort   b. dormir   c. dorment

_____ 4. Tu ne _____ pas ce soir! Tu dois débarrasser la table et faire la vaisselle.
   a. sortir   b. sors   c. sort

_____ 5. Le film commence à midi. Est-ce que vous _____ à 11h30?
   a. partent   b. partons   c. partez

_____ 6. Je ne _____ jamais de la maison après minuit.
   a. sors   b. sortir   c. sort

28 Complète les phrases suivantes avec la forme appropriée du verbe donné.

1. Mon grand-père _____ sur le sofa l'après-midi. (dormir)

2. Je _____ mes livres de mon sac à dos. (sortir)

3. Mes frères _____ les chiens à sept heures le matin . (sortir)

4. Mes frères et moi ne _____ pas dans la chambre rose. (dormir)

5. À quelle heure est-ce que vous_____ de la maison? (partir)

6. Tu peux _____ avec tes amis si tu ranges ta chambre. (sortir)

> ***Passé composé* with *être***
> - Some verbs, like **aller,** use **être** as the helping verb in the **passé composé.** When you use **être** as the helping verb, the past participle agrees with the subject.
>
> | | |
> |---|---|
> | je **suis allé(e)** | nous **sommes allé(e)s** |
> | tu **es allé(e)** | vous **êtes allé(e)(s)** |
> | il/elle/on **est allé(e)(s)** | ils/elles **sont allé(e)s** |
>
> - Other verbs that use **être** to form the **passé composé** include: **arriver, descendre, entrer, monter, mourir (mort), naître (né) partir, rester, rentrer, retourner, sortir, tomber,** and **venir (venu).**

29 Alain décrit ce que sa famille a fait la semaine dernière. Souligne la forme appropriée du verbe pour compléter ses phrases.

1. Je (suis tombé / sont tombées / suis tombée) deux fois à la patinoire.

2. Amélie et Iris ont fait des courses et puis elles (est rentrée / sont rentrés / sont rentrées) à la maison.

3. Papa, Iris et moi, nous (sommes montées / suis montée / sommes montés) au premier étage pour voir Maman et Nadine.

4. Étienne (est allée / sont allé / est allé) au marché avec Papa.

5. Les chats (est resté / sont restés / est restée) sous le lit.

6. Ma petite sœur Nadine (es né / est née / est né)!

30 Baptiste n'est pas très bon en grammaire. Aide-le à compléter son essai sur son grand-père avec la forme correcte du verbe entre parenthèses.

> Mon grand-père (1) _____ (naître) à Paris en 1938. Ses
>
> parents (2) _____ (mourir) en 1951, alors mon grand-père
>
> et sa sœur (3) _____ (venir) aux États-Unis. Ils
>
> (4) _____ (arriver) à New York le 20 janvier 1952. Ils
>
> (5) _____ (rester) cinq ans avec une tante à New York.
>
> Mon grand-père (6) _____ (aller) à l'université à Boston.
>
> Il (7) _____ (retourner) en France en 1970. Sa sœur s'est
>
> mariée (married) avec un Américain et elle (8) _____
>
> (rester) aux États-Unis. Ma famille et moi, nous (9) _____
>
> (aller) voir mon grand-père en France l'année dernière.

31 Everything happened earlier than Maxime expected. Rewrite these sentences in the **passé composé** using the cues in parentheses.

    MODÈLE La famille DuPont va partir en vacances aujourd'hui. (hier)
          La famille DuPont est partie en vacances hier.

  1. Les filles de Mme Kanza vont naître en juillet. (juin)

    _____

  2. Luc et André vont descendre de leur chambre à dix heures. (9h)

    _____

  3. Dorianne et Gérald, vous allez venir chez moi jeudi. (mardi)

    _____

  4. Luc et moi, nous allons partir pour la campagne samedi. (vendredi)

    _____

  5. Fifi et Florianne vont sortir à quatre heures de l'après-midi. (midi)

    _____

  6. Maman va rentrer à la maison à huit heures du soir. (sept)

    _____

-yer verbs

• Here are the forms of the irregular verb **nettoyer** *(to clean)*. Notice that there is a spelling change in all forms except **nous** and **vous**.

    je **nettoie**   nous **nettoyons**
    tu **nettoies**   vous **nettoyez**
    il/elle/on **nettoie**   ils/elles **nettoient**

• Other verbs that follow this pattern include **balayer** *(to sweep)*, **envoyer** *(to send)*, **essayer (de)** *(to try)* and **payer** *(to pay)*.

---

32 Complète les phrases avec la forme appropriée du verbe donné au présent.

  1. Gérard ne _____ jamais la salle de bain. (nettoyer)

  2. Je (J') _____ de faire une tarte pour ma grand-mère. (essayer)

  3. Mes parents _____ un garçon pour tondre le gazon. (payer)

  4. Nous ne (n') _____ pas de lettres à Paul cet été. (envoyer)

  5. Est-ce que vous _____ le plancher *(the floor)* tous les jours? (balayer)

  6. Est-ce que tu _____ de jouer de la guitare? (essayer)

 Cahier de vocabulaire et grammaire

Allons en ville!

1 Choisis la meilleure fin pour chaque phrase.

_____ 1. Maxime veut acheter un stylo et du papier. Il va aller...
a. à la papeterie   b. à la poste   c. au carrefour

_____ 2. Agathe va avoir un bébé (*baby*). Elle va...
a. à la papeterie   b. à la librairie   c. à l'hôpital

_____ 3. Aude et Julie adorent acheter de nouvelles robes. Elles vont souvent...
a. chez le fleuriste   b. à la poste   c. dans une boutique

_____ 4. Il pleut et Denis ne veut pas aller à l'école à pied. Il va...
a. au feu   b. à l'arrêt de bus   c. au marché

_____ 5. M. et Mme Biokou doivent envoyer une lettre à leurs enfants. Ils vont...
a. à la poste   b. à la boutique   c. au pont

2 Dis à ces gens où il faut aller d'après chaque situation.

MODÈLE Goldilocks veut quitter Paris très rapidement!
Va à la station de métro!

1. Rapunzel a des cheveux un peu trop longs. _____ !

2. Il n'y a rien dans la cuisine de «Old Mother Hubbard» et elle a faim!

_____ !

3. Humpty-Dumpty est tombé. _____ !

4. Cendrillon n'a rien à porter pour la fête. _____ !

5. Jack a des haricots (*beans*) dans son porte-monnaie, mais il a besoin d'euros.

_____ !

6. Prince Philip veut acheter un bouquet de roses pour la Belle au bois dormant

(*Sleeping Beauty*). _____ !

3 Suggère la(les) meilleure(s) façon(s) d'aller d'un appartement à Paris à ces endroits (*places*).

1. à la poste _____

2. à New York _____

3. à Marseille _____

4. à l'aéroport avec trois valises (*suitcases*) _____

4 Leïla a beaucoup de choses à faire en ville aujourd'hui. Regarde sa liste et puis écris où elle va d'abord, ensuite, etc.

D'abord, Leïla va à la poste...

_____

_____

_____

_____

_____

> 3- la pharmacie
> 2- la banque
> 5- la boutique Chez Suzanne
> 4- la librairie-papeterie
> 1- la poste
> 6- le marché

5 Maddie, une étudiante américaine à Marseille, doit déjeuner avec son amie, Nathalie. Nathalie a écrit les directions sur plusieurs petits morceaux de papier. Aide Maddie à les remettre dans l'ordre.

_____ Et puis, prends le bus n° 14 jusqu'à la Rue Voltaire.

_____ Finalement, traverse la Rue Voltaire et va jusqu'à l'église. Le café est à côté de l'église.

_____ Après, quand tu arrives dans le centre-ville, trouve l'arrêt de bus.

_____ D'abord, achète un ticket à la station de métro.

_____ Ensuite, prends le métro pour le centre-ville.

6 Maxime demande où se trouve la poste à un homme qu'il voit dans la rue. Complète leur conversation avec les expressions logiques.

tout de suite	Excusez-moi	Continuez
Prenez	à gauche	savez-vous

Maxime (1) _____ monsieur,

(2) _____ où se trouve la poste?

L'homme Bien sûr. (3) _____ la deuxième rue à droite.

C'est la rue des Rosiers. (4) _____ jusqu'au

feu. Tournez (5) _____. C'est

(6) _____ sur votre gauche, en face d'un arrêt

de bus.

Maxime Merci monsieur.

L'homme Il n'y a pas de quoi.

VOCABULAIRE 1   CHAPITRE **9**

7 Réponds aux questions d'après le plan de la ville au-dessous.

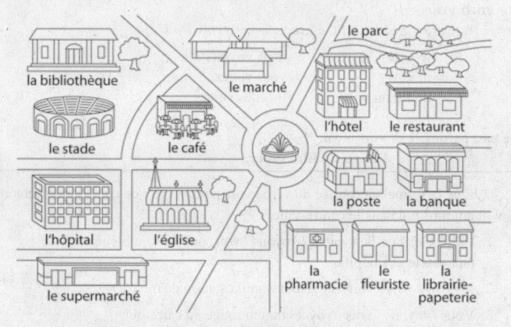

1. Qu'est-ce qu'il y a entre l'hôpital et la bibliothèque? _____

2. Quel immeuble est derrière la poste? _____

3. Quels immeubles sont près de la banque? _____

4. Quel immeuble est en face du café? _____

5. Quels immeubles sont près du marché?_____

8 Tu es au café et tout le monde *(everyone)* te demande des directions. Utilise le plan de l'Activité 7 pour répondre aux questions.

1. Excusez-moi, mon fils et moi cherchons une banque.

   _____

2. Pardon, savez-vous où est la papeterie?

   _____

3. Savez-vous où se trouve le marché, s'il vous plaît?

   _____

4. Est-ce que vous pouvez me dire où il y a un restaurant?

   _____

5. Excusez-moi, nous cherchons une pharmacie.

Holt French 1   **99**   Cahier de vocabulaire et grammaire

Allons en ville!

The verb *voir*

Here are the forms of the irregular verb **voir** *(to see)*.

je **vois**	nous **voyons**
tu **vois**	vous **voyez**
il/elle/on **voit**	ils/elles **voient**

The past participle of **voir** is **vu.**
 J'ai vu un film super.

---

9 Souligne la forme appropriée du verbe **voir** pour décrire ce que chaque personne voit aujourd'hui dans le centre-ville.

1. Héloïse et Lucille (voient / voyons / voit) une voiture bleue entre la pharmacie et l'hôpital.

2. Je (voir / vois / voit) un vélo devant la station de métro.

3. Vous (voyons / vois / voyez) un feu rouge au carrefour.

4. Anselme (voit / vois / voient) un pont derrière la rue Ampère.

5. Nous (vois / voyons / voyez) beaucoup de fleurs chez le fleuriste.

6. Est-ce que tu (vois / voit / voir) un taxi près d'ici?

7. Rebecca veut aller (voit / voir / vois) la nouvelle église.

10 Une chose étrange est arrivée en ville. La police pose des questions à tout le monde. Complète chaque phrase avec la forme correcte du verbe **voir** au passé composé.

Karine Je/J' (1) _____ un grand homme brun et une femme blonde devant la banque.

Adrien Lucien et moi, nous (2) _____ une voiture noire qui va très lentement *(slowly)*.

l'inspecteur Est-ce que vous (3) _____ une vieille dame avec un très grand sac?

Adrien Non, mais nous (4) _____ une mère avec six enfants pénibles au marché.

Mme Petit Et moi, je/j' (5) _____ un gros chien méchant devant la poste.

l'inspecteur Personne ne/n' (6) _____ cette dame aux cheveux blancs. Qui est-elle?

> ### *Savoir* and *connaître*
> Here are the forms of the irregular verbs **savoir** *(to know information, to know how to)* and **connaître** *(to know, to be familiar with)*.
>
> | | | | |
> |---|---|---|---|
> | je **sais** | nous **savons** | je **connais** | nous **connaissons** |
> | tu **sais** | vous **savez** | tu **connais** | vous **connaissez** |
> | il/elle/on **sait** | ils/elles **savent** | il/elle/on **connaît** | ils/elles **connaissent** |

11 Quel verbe? **Savoir** ou **connaître**

    1. jouer de la guitare? _____

    2. le petit café au centre-ville? _____

    3. le numéro de téléphone du lycée? _____

    4. les amis de Paul? _____

    5. où se trouve la poste? _____

12 Complète ces phrases avec les formes appropriées de **savoir** et **connaître**.

    1. _____-vous jouer aux échecs?

    2. La grand-mère de Sultana ne _____ pas surfer sur Internet.

    3. Tu _____ très bien le Louvre!

    4. Ces hommes-là _____ où se trouve la rue de Marseille.

    5. Je ne _____ personne à la fête.

    6. Est-ce que nous _____ votre beau-père?

13 Aide Matthieu à compléter cet e-mail à Marie avec la forme correcte des verbes **savoir** ou **connaître**.

> *Salut Marie!*
> *On va dans le centre-ville demain? Je (1) _____ une*
> *nouvelle librairie, «Joie de lire». Je ne (2) _____ pas*
> *l'adresse exacte, mais elle est entre la poste et la pharmacie. Mon*
> *copain Youssou, vient avec moi. Tu (3) _____ Youssou? Il*
> *vient de déménager* (to move) *du Sénégal. Il est très gentil. Il est*
> *sportif, et il (4) _____ très bien dessiner. Ton ami Richard*
> *et toi, vous (5) _____ la BD Les K-Libres, n'est-ce pas?*
> *Youssou l'aime beaucoup. Il (6) _____ une vendeuse qui*
> *travaille à «Joie de lire». Elle (7) _____ trouver les*
> *meilleures* (best) *BD!*
> *À bientôt! Matthieu*

14 Comment est-ce que tu demandes les directions pour trouver les magasins suivants?

> **MODÈLE** J'ai besoin d'aspirine!
> **Est-ce que vous pouvez me dire où il y a une pharmacie?**

1. Nous voulons acheter des pamplemousses et du poisson.

   _____

2. Caroline et Simon espèrent voir le film, *Le château de ma mère.*

   _____

3. Taki a besoin de stylos et de papier.

   _____

4. Marine veut acheter une nouvelle jupe pour la soirée de ce soir.

   _____

Review of the imperative
- To make commands with most French verbs, use the **tu, nous,** or **vous** form of the present tense, without the subject pronoun. Drop the final **s** when using the **tu** form of **-er** verbs or **aller.**

  Va à la poste! **Passons** à la banque. **Tournez** au prochain feu.
- To make commands negative, put **ne... pas** around the verb.

---

15 Complète chaque phrase avec la forme appropriée de l'impératif.

1. Nicole, _____ à la banque avant de rentrer! (aller)
2. Les enfants, ne _____ pas dans la rue! (jouer)
3. Nous voulons voir un film. _____ au cinéma. (aller)
4. Monsieur, pour trouver la poste, _____ à droite au prochain feu. (tourner)
5. Marie, _____ la rue au carrefour. (traverser)

16 Dis à Alex et Sophie ce qu'il faut faire ou ne pas faire en utilisant l'impératif.

1. Nous voulons voir une pièce. _____
2. Ma chambre n'est pas propre *(clean)*. _____
3. Je ne sais pas où se trouve la banque. _____
4. J'ai chaud et j'ai très soif. _____
5. Nous n'avons rien à porter à la fête. _____

17 Souligne l'expression qui n'appartient pas à chaque liste.

1. le facteur	la pharmacienne	l'employé	le comprim[
2. J'ai la toux.	J'ai un colis.	J'ai un rhume.	J'ai mal à la
3. la banque	la poste	le guichet	la pharmacie
4. le comprimé	la toux	le médicament	le sirop
5. le colis	la carte postale	le rhume	la lettre
6. le billet	le pansement	la pièce	l'argent

18 Choisis la meilleure fin pour chaque phrase.

une carte bancaire	une enveloppe	une cabine téléphonique	un distributeur d'argent
à la poste	un rhume	la gorge	Le facteur

1. J'ai besoin de sirop. J'ai mal à _____.

2. Si tu dois retirer de l'argent, cherche _____.

3. Théo veut envoyer un colis à Nice. Il doit aller_____.

4. Pour utiliser le distributeur d'argent, il faut _____.

5. Je voudrais téléphoner à mes parents. Où est _____?

6. D'habitude, on met une lettre dans _____ pour l'envoyer.

7. _____ apporte des lettres et des colis chez toi.

8. Si on a _____, on a mal à la tête et à la gorge.

19 Tout le monde a des problèmes. Dis à chaque personne où il faut aller.

MODÈLE J'ai mal à la tête. **Va à la pharmacie!**

1. Je dois acheter des timbres. _____

2. Nous toussons. _____

3. Léa n'a plus d'argent. _____

4. Nous avons besoin de pansements. _____

5. Alexandre veut téléphoner à sa mère. _____

20 D'habitude, à qui est-ce que tu poses ces questions/phrases: **a) au pharmacien, b) à l'employée de banque** ou **c) au facteur/ l'employé de poste**?

_____ 1. C'est combien pour dix timbres?

_____ 2. J'ai besoin de pansements.

_____ 3. Je voudrais retirer de l'argent.

_____ 4. Quel est le code postal pour Nantes?

_____ 5. Il me faut une nouvelle carte bancaire.

21 Mets cette conversation en ordre.

_____ Oui, c'est le compte 65930-12.

_____ Oui, bien sûr. Vous préférez des billets ou des pièces?

__1__ Pour changer de l'argent, s'il vous plaît?

_____ Voilà, c'est fait. Vous désirez autre chose?

_____ Vous avez de la monnaie sur cinquante euros?

_____ Très bien. Vous avez un compte *(an account)* à cette banque?

_____ Je peux vous aider ici.

_____ Non. Merci beaucoup. Au revoir.

_____ Des billets. Merci. Je voudrais aussi déposer un chèque.

22 Monsieur Smith vient d'arriver à Aix et il ne connaît pas bien la ville. Complète cette conversation entre Monsieur Smith et Madame Denis, qui habite à Aix.

M. Smith (1) _____ où il y a une banque?

Mme Denis Il y a une banque pas loin, à côté du café Monet.

M. Smith (2) _____ est-ce que la banque

(3) _____?

Mme Denis Je crois que la banque ouvre à neuf heures.

M. Smith (4) _____ où je peux trouver

(5) _____?

Mme Denis Bien sûr. Allez (6) _____! Là, vous trouvez

plusieurs cabines téléphoniques.

23 Comment est-ce que les gens entre parenthèses répondent à ces questions?

Oui, bien sûr.	Non, je regrette.	Adressez-vous à ….

   MODÈLE Dites-moi, vous vendez des fleurs? (le facteur)
   Adressez-vous au fleuriste.

1. Savez-vous où je peux trouver un distributeur d'argent? (un employé à la banque)

   _____

2. Est-ce que vous pouvez me dire combien c'est pour envoyer une lettre Italie? (un touriste canadien qui vient d'arriver)

   _____

3. Avez-vous de la monnaie sur dix euros? (le serveur au café)

   _____

4. J'ai un rhume. Est-ce que vous pouvez me dire quel médicament il faut prendre? (la femme derrière toi dans le métro)

   _____

5. Avez-vous de la monnaie sur cent euros? (un garçon qui vend des journaux au carrefour)

   _____

24 Réponds aux questions suivantes avec des phrases complètes.

1. Est-ce que tu peux me dire s'il y a une station de métro dans le centre-ville?

   _____

2. C'est combien pour envoyer une lettre à Boise, Idaho?

   _____

3. À quelle heure ferme la bibliothèque?

   _____

4. Est-ce qu'il y a un distributeur d'argent dans ton lycée?

   _____

5. Toi et tes amis utilisez souvent des cabines téléphoniques? Pourquoi?

   _____

6. Est-ce que tu as une carte bancaire?

   _____

Allons en ville!

Révisions **The present tense**
- To conjugate regular **-er** verbs like **parler,** remove **-er** and add these endings: **parle, parles, parle, parlons, parlez, parlent.**
- To conjugate regular **-ir** verbs like **finir,** remove **-ir** and add these endings: **finis, finis, finit, finissons, finissez, finissent.**
- To conjugate regular **-re** verbs like **perdre,** remove **-re** and add these endings: **perds, perds, perd** (nothing), **perdons, perdez, perdent.**
- The verbs **aller, avoir, boire, connaître, devoir, être, faire, mettre, nettoyer, pouvoir, savoir, venir, voir,** and **vouloir** are irregular.

---

25 Complète ces phrases avec la forme appropriée du verbe donné.

1. M. et Mme Toussaint _____ de l'argent à la banque. (déposer)

2. Quand est-ce que vous _____ le gros colis de vos parents? (ouvrir)

3. Est-ce que vous _____ souvent du jogging? (faire)

4. Mme Bovette ne _____ jamais de jean. (mettre)

5. Tu _____ avec des copains ce soir? (sortir)

6. Philippe _____ toujours sa carte bancaire. (perdre)

26 Mets les mots dans le bon ordre pour faire des phrases complètes. Fais tous les changements nécessaires.

1. professeur / rendre / devoirs / aujourd'hui

_____

2. je / réussir à / examens / français / toujours

_____

3. savoir / parler / allemand / ils

_____

4. connaître / sœur / elle / ne... pas / petit

_____

5. chocolat chaud / nous / café / boire / tout le temps

_____

6. être / blond / elle / et / gentil

_____

Inversion

- To form questions with inversion, simply reverse the position of the subject and verb, and add a hyphen between them.
- To form inversion questions with **il, elle,** or **on** as the subject, add **-t-** between the subject and the verb, if the verb ends in a vowel.
- Notice how you form questions with proper nouns:

    Michèle, va-t-elle avec nous?

- To form inversion questions in **passé composé,** reverse the position of the helping verb and the subject. Add **-t-** with **il, elle,** or **on** when the verb uses **avoir** to form the **passé composé.**

---

27 Rewrite the following questions using inversion.

1. Est-ce qu'il lave la nouvelle voiture?

   _____

2. Quand est-ce que nous faisons les magasins?

   _____

3. Où est-ce qu'ils nagent en hiver?

   _____

4. Est-ce que tu mets les nouvelles bottes de ta mère?

   _____

5. Est-ce qu'on répond à la lettre de la banque?

   _____

28 Récris ces questions au passé composé. Utilise l'inversion.

   MODÈLE Dînes-tu chez Francine? **As-tu dîné chez Francine?**

1. Rangeons-nous notre chambre ce matin?

   _____

2. Yasmine, part-elle à 8 heures?

   _____

3. Ton petit-fils, passe-t-il l'aspirateur au salon?

   _____

4. Vois-tu la nouvelle station de métro?

   _____

29 Lucien had a terrible day yesterday. Look at the illustrations, and then imagine what Lucien would write in an e-mail to his friend Julie.

Julie, J'ai eu une journée horrible hier. D'abord,...

_____

_____

_____

_____

_____

Révisions **The partitive**
- Use the partitive articles **du, de la, de l'** when you're talking about part of or some of an item.

    Tu veux **du** pamplemousse? *(some grapefruit)*
- Use the indefinite articles **un, une,** and **des** when you're talking about a whole item (or items).

    Je voudrais acheter **un** pamplemousse. *(a whole grapefruit)*

---

30 Madame Leval a laissé une note pour sa fille. Complète la note avec les formes appropriées de l'article indéfini (**un, une, des**) ou partitif (**du, de l', de la**).

Tu peux aller au marché cet après-midi? Je vais préparer (1) _____ quiche et (2) _____ tarte aux pommes pour le dîner. Alors, il me faut (3) _____ œufs, (4) _____ fromage, (5) _____ jambon et (6) _____ pommes. Qu'est-ce que tu veux prendre au petit-déjeuner? Tu peux acheter (7) _____ baguette, (8) _____ bananes et (9) _____ confiture? On n'a pas besoin (10) _____ café et (11) _____ beurre.
À ce soir chérie,
Maman

Enfin les vacances!

1 Choisis le meilleur mot ou la meilleure phrase pour compléter chaque phrase.

_____ 1. Si tu veux rester à l'hôtel, tu devrais faire...

    a. un billet   b. une chambre   c. une réservation

_____ 2. Mme Martin va rester à l'hôtel avec son bébé. Elle demande une chambre...

    a. avec vue   b. non-fumeur   c. avec accès handicapé

_____ 3. Tu n'as pas beaucoup d'argent. Ne demande pas...

    a. le parking   b. les chèques de voyage   c. une chambre avec vue

_____ 4. Si tu visites Nice en août, quand il fait très chaud, cherche un hôtel avec...

    a. parking   b. climatisation   c. réception

_____ 5. Si tu emportes beaucoup de valises, tu veux un hôtel avec...

    a. ascenseur   b. sac de voyage   c. escalier

_____ 6. Ta sœur est en fauteuil roulant *(wheel chair)*. Je te conseille de chercher un hôtel avec...

    a. une réception   b. un billet d'avion   c. accès handicapé

2 Choisis le mot correct pour chaque phrase.

_____ 1. On y met *(You put in it)* de l'argent et des cartes de crédit.

_____ 2. On peut y mettre beaucoup de vêtements.

_____ 3. On y met des livres, des cahiers, des stylos, etc.

_____ 4. On l'emporte dans l'avion.

_____ 5. Les femmes y mettent un portefeuille, une brosse *(brush),* une porte-monnaie, etc.

    a. un sac à main
    b. un sac à dos
    c. un portefeuille
    d. le bagage à main
    e. une valise

3 Complète chaque phrase avec un mot ou une expression logique.

1. Tu pars pour la gare à 8h30. N'oublie pas _____.

2. Tu es américain et tu vas en Europe. N'oublie pas

_____.

3. Tu veux faire les magasins à Paris. Je te conseille d'emporter

_____.

4. Nicole va à l'aéroport demain matin. Elle a déjà acheté

_____.

5. Pour voyager dans certains pays, il faut un passeport et

_____.

4 Samuel et son copain Emmanuel vont passer des vacances à Montréal. Remets leur conversation dans le bon ordre.

_____ Super! Est-ce que tu as demandé une chambre non-fumeur?

_____ Quatre heures. Bon. J'arrive vendredi à cinq heures. Je prends le train. On se retrouve *(Let's meet)* à l'hôtel, et puis nous pouvons aller dîner.

__1__ Salut! Ça va? À quelle heure est-ce que tu arrives?

_____ À quel hôtel est-ce que tu as fait la réservation?

_____ Je l'ai déjà mis dans mon sac de voyage. Je vais faire ma valise. À vendredi!

_____ C'est Château de l'Argoat, près du parc La Fontaine. Mlle Duchesne, la réceptionniste, m'a promis une chambre avec vue.

_____ Ça va très bien, Samuel. Je vais arriver à l'aéroport vendredi après-midi à quatre heures.

_____ Bien sûr. Je déteste la fumée. Si tu arrives avant moi, demande Mlle Duchesne à la réception. N'oublie pas ton passeport!

5 Tu vas en Europe pour la première fois. Une étudiante de ta classe, Roxanne, est déjà allée en Europe plusieurs fois. Elle te donne des conseils. Utilise les expressions de la boîte pour écrire les conseils de Roxanne.

> **N'oublie pas...**   **Je te conseille de...**
> **Tu devrais...**   **Tu as intérêt à...**
> **Tu ne peux pas partir sans...**

1. Je voudrais acheter beaucoup de souvenirs.

   _____

2. Je vais prendre un sandwich au fromage chaque *(every)* jour au déjeuner.

   _____

3. Est-ce que je peux payer avec des dollars américains?

   _____

4. Est-ce qu'il y a des choses à voir au musée du Louvre?

   _____

5. Nous allons passer un week-end en Espagne et quelques jours en Suisse.

   _____

VOCABULAIRE 1   CHAPITRE **10**

6 Annie veut aller en France. Elle téléphone à un hôtel à Arles pour faire une
réservation. Complète sa conversation avec la réceptionniste.

— Est-ce que vous avez une chambre disponible du 10 au 16 mai?

— (1) _____

— Avec vue, si possible.

— (2) _____

— Au nom de Sinclair. C'est S-I-N-C-L-A-I-R.

— (3) _____

— Je préfère une chambre avec un lit simple.

— (4) _____

— Je préfère non-fumeur.

— (5) _____

— Non, en demi-pension. Ça fait combien?

— (6) _____

— Parfait. Merci, madame. Au revoir.

7 Voici l'itinéraire du voyage de la famille Jordan en France. Pour chaque ville,
fais une réservation pour le nombre de nuits nécessaires. Écris un dialogue entre
Madame Jordan et les différents réceptionnistes à qui elle parle.

6	**7**	**8**	**9**	**10**	**11**	**12**
Nice	Nice	Nice	Cannes	Cannes	Avignon	Avignon

13	**14**	**15**	**16**	**17**	**18**	**19**
Avignon	Arles	Arles	Arles	Orange	Orange	Orange

_____

_____

_____

_____

_____

_____

_____

_____

Enfin les vacances!

> **The verb *appeler***
>
> Here are the forms of the irregular verb **appeler** *(to call)*. Notice the
> spelling change in all forms except the **nous** and **vous** forms.
>
> | | |
> |---|---|
> | j'**appelle** | nous **appelons** |
> | tu **appelles** | vous **appelez** |
> | il/elle/on **appelle** | ils/elles **appellent** |
>
> Other verbs conjugated like **appeler** include **jeter, épeler,** and **rappeler.**

8 Complète les phrases suivantes avec la forme appropriée du verbe au présent.

1. Pourquoi est-ce que tu _____ le billet de train par la fenêtre de l'hôtel? (jeter)

2. Je _____ ma mère parce qu'elle m'a téléphoné ce matin. (rappeler)

3. Mme Djenoul, comment vous _____ votre nom? (épeler)

4. Elles veulent leur petit-déjeuner, alors elles _____ la réception. (appeler)

5. Comment est-ce qu'on _____ «Robespierre»? (épeler)

6. Quand nous avons fini nos chips, nous _____ le papier dans la poubelle. (jeter)

9 Les Chauvet vont partir en vacances. Agathe vérifie que tout le monde a fait ce qu'ils devaient faire avant de partir. Écris leurs réponses.

MODÈLE Nicole, as-tu appelé ton professeur?
J'appelle mon prof maintenant.

1. Lucas et Edgar, est-ce que vous avez jeté les vieux fruits à la poubelle?

   _____

2. Maman, est-ce que Nicole a rappelé son amie Mina qui a téléphoné hier?

   _____

3. Papa et Maman, est-ce que vous avez appelé l'aéroport?

   _____

4. Maman, est-ce que tu as appelé la poste pour dire que nous partons en vacances ?

   _____

GRAMMAIRE 1 CHAPITRE **10**

Prepositions with countries and cities

- To say *in* or *to* most cities, use **à**. To say *from* most cities, use **de**.

  Je vais **de** Paris **à** Carcassonne.

- Most country names that end in **-e** are feminine. Country names that end in other letters are usually masculine. There are exceptions like **le Mexique**.

- To say *in* or *to* masculine countries, use **au**. To say *in* or *to* feminine countries and countries that begin with a vowel, use **en**. Use **aux** with countries that have plural names.

  Martin va **au** Canada, **en** Tunisie, **en** Italie et **aux** États-Unis.

10 Complète les phrases avec les mots qui conviennent.

1. Ma famille va voir *Le Roi Lion* (au / en / à) Chicago samedi prochain.

2. Beaucoup de personnes habitent (en / aux / au) Chine.

3. Quand est-ce que vous allez (à / en / au) Cannes?

4. Préférez-vous aller à la plage (à / au / en) Mexique ou

   (en / aux / au) États-Unis?

5. J'adore faire les boutiques (au / de / à) Paris pendant les soldes.

6. Professeur Sefraoui a pris beaucoup de photos (en / au / aux) Maroc.

7. Quand est-ce que tu vas (à / en / au) Italie?

11 Complète le journal de Noémie avec les prépositions qui conviennent.

Dernière journée à Bordeaux. À huit heures, nous avons pris le petit-
déjeuner (1) _____ café Lefleur. Délicieux! Après ça, nous sommes rentrés
(2) _____ hôtel et nous avons fait nos valises. Puis, nous sommes allés
(3) _____ Toulouse (4) _____ voiture. Après le déjeuner, nous sommes allés
(5) _____ Jardin Royal. Demain, on va (6) _____ musée d'histoire
naturelle. Jeudi, on part (7) _____ Espagne. Je suis déjà allée (8) _____
Barcelone, mais je ne suis jamais allée (9) _____ Madrid. J'ai envie d'aller
(10) _____ musée du Prado. Pendant le dîner, nous avons décidé d'aller
(11) _____ Maroc ou bien (12) _____ Égypte l'été prochain.

---

12 Réponds aux questions suivantes avec des phrases complètes. Utilise ton imagination!

1. Est-ce que tu as déjà voyagé dans un pays étranger *(foreign country)?* Où est-ce que tu es allé(e)?

   _____

2. Est-ce que tu as déjà fait un long voyage en voiture aux États-Unis ? Où est-ce que tu es allé(e)? Quelles villes?

   _____

3. Imagine que tu as gagné un voyage en Europe ou en Afrique. Où est-ce que tu veux aller?

   _____

   _____

Idioms with *faire*

• You've already learned some idioms with **faire**, such as weather expressions **(Il fait beau)** and activities **(Je fais du vélo).**

• Here are some other idioms that use **faire:**

faire escale *(to have a lay-over)*	**faire les valises** *(to pack suitcases)*
faire la queue *(to wait in line)*	**faire un voyage** *(to take a trip)*
faire + a country *(to visit...)*	

---

13 Complète les phrases qui suivent avec une expression logique avec le verbe **faire**.

faire beau	**faire du sport**	**faire escale**
faire la queue	**faire un voyage**	**faire ses valises**

1. Martin va _____ demain. Il va en France !

2. Avant de partir, Martin _____ et met son sac de voyage près de la porte.

3. Il n'a pas de vol *(flight)* direct. Il _____ à New York.

4. À l'aéroport, Martin _____ pour passer par la sécurité.

5. Le premier matin à Paris, Martin regarde par la fenêtre et il voit qu'il _____. Il y a du soleil et il ne pleut pas.

6. Martin est très content parce qu'il veut _____ avant de prendre son petit-déjeuner.

Enfin les vacances!

14 Qui dit quoi: **a) le contrôleur** ou **b) un passager**?

_____ 1. Prenez vos places assises!

_____ 2. Euh... ma couchette est en première classe, je pense.

_____ 3. Pourriez-vous m'aider à mettre mes valises dans le porte-bagages ?

_____ 4. Le wagon-restaurant se trouve au bout du train, madame.

_____ 5. Je dois composter vos billets.

15 Écris chaque chose dans la colonne où on la trouve, à l'aéroport ou à la gare.

le terminal	la voie	la couchette	le wagon
l'avion	le quai	le contrôleur	l'hôtesse
le distributeur de billets	le pilote	le compartiment	la porte d'embarquement

À L'AÉROPORT   À LA GARE

_____   _____

_____   _____

_____   _____

_____   _____

_____   _____

_____   _____

16 Dis si chaque phrase est **V** (vraie) ou **F** (fausse). Corrige les phrases fausses.

_____ 1. La couchette composte les billets des passagers.

_____

_____ 2. On peut acheter des billets de train au distributeur de billets.

_____

_____ 3. Si ton vol part en retard, tu peux manquer ton terminal.

_____

_____ 4. Sur le quai, on voit les numéros des vols qui arrivent et qui partent.

_____

_____ 5. Si tu as faim pendant *(during)* un voyage en train, va au wagon-restaurant.

_____

17 Complètes les mots-croisés *(crossword puzzle)* avec les mots qui conviennent.

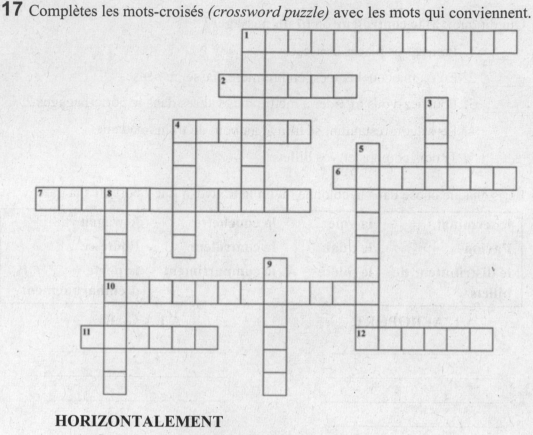

HORIZONTALEMENT

   1. On peut acheter un billet au _____.

   2. Pourriez-vous me dire où se trouve le _____ de change?

   4. Avant le départ du train, un passager cherche une place
      _____.

   6. Cherche la _____ pour laisser ton sac à la gare.

   7. On passe par la porte d'_____ pour monter dans un avion.

  10. S'il n'y a pas de places assises, on peut aller dans un autre
      _____.

  11. Yves a _____ son vol parce qu'il est arrivé en retard.

  12. Mon vol pour l'Allemagne n'est pas direct. Je fais _____ à
      Londres.

VERTICALEMENT

   1. Mélodie n'a pas beaucoup d'argent. D'habitude elle voyage en
      _____ classe.

   3. On attend le train sur le _____.

   4. Il neige beaucoup aujourd'hui, alors, on a _____ tous les vols.

   5. Pour les voyages de nuit en train, on peut réserver une _____.

   8. Si tu ne sais pas si ton vol est à l'heure, regarde le tableau
      d'_____!

   9. Le _____ est aux commandes *(controls)* de l'avion.

18 Regarde le tableau d'affichage et puis réponds aux questions qui suivent.

Air Nice – Les arrivées				
vol numéro	ville de départ	l'heure d'arrivée	État *(Status)*	Porte d'embarquement
104	Londres	06h50	arrivé-06h47	B12
521	New York JFK	07h12	arrivé-07h17	C09
1127	Melbourne	07h53	annulé	A07
704	Los Angeles	08h10	arrivé-08h04	C04
429	Beijing	08h45	en route	A19
305	Tokyo	09h38	en route	A14
712	Londres	10h07	retardé	B14

1. Quel vol arrive à la porte d'embarquement A19?

   _____

2. À quelle heure arrive l'avion en provenance de Tokyo?

   _____

3. Est-ce que le vol 712 est à l'heure?

   _____

4. Anne-Lise attend son père qui rentre de Melbourne. Il va arriver à l'heure?

   _____

5. D'où vient le vol 521? _____

19 Complète logiquement cette conversation entre Magali et sa mère à l'aéroport.

Mme Gilbert (1) _____.

    Magali Non, maman. Je viens d'enregistrer ma valise.

Mme Gilbert (2) _____.

    Magali Oui, voilà ma carte d'embarquement. Le vol part de la porte A7.

Mme Gilbert (3) _____.

    Magali Oui, l'avion fait escale à Londres.

Mme Gilbert (4) _____.

    Magali Non. Je peux changer mes euros en dollars à New York.

Mme Gilbert Bon voyage ma petite. Téléphone-moi demain soir!

Enfin les vacances!

Révisions: Passé composé with *avoir*

• To conjugate most French verbs in the **passé composé,** use a form of the helping verb **avoir** plus the past participle. Here is how to form the past participles of most regular verbs:

  -**er** verbs like **travailler**   travaillé
  -**ir** verbs like **choisir**   choisi
  -**re** verbs like **entendre**   entendu

• Some verbs have irregular past participles that you will have to memorize: These verbs include : **avoir (eu), boire (bu), connaître (connu), devoir (dû), dire (dit), écrire (écrit), être (été), faire (fait), lire (lu), mettre (mis), pouvoir (pu), prendre (pris), savoir (su), voir (vu), vouloir (voulu).**

• To make sentences in the **passé composé** negative, put **ne... pas** around the helping verb.

---

20 Complète ces phrases avec la forme appropriée du verbe au passé composé.

1. Nous _____ l'Italie en juin. (faire)

2. J' _____ une lettre à mes sœurs. (écrire)

3. M. et Mme Michaud _____ « Bonjour » aux autres passagers sur le quai. (dire)

4. Lise _____ un grand sac de voyage. (prendre)

5. Marc et toi _____ une place près de la fenêtre. (vouloir)

21 Le frère de Thuy essaie de calmer sa sœur, mais elle a toutes sortes de problèmes pendant son voyage. Elle téléphone à son frère le lendemain pour lui dire tous les problèmes qu'elle a eus.

MODÈLE On ne va pas annuler ton vol.   **On a annulé mon vol.**

1. Tu ne vas pas perdre ta carte d'embarquement.

   _____

2. Ton vol ne va pas être en retard.

   _____

3. Tu ne vas pas manquer ta correspondance.

   _____

4. Tu ne vas pas faire la queue pendant *(for)* deux heures au bureau de change.

   _____

Révisions: Passé composé with *être*

• Some verbs use **être** instead of **avoir** as a helping verb in the **passé composé.** These verbs include **aller, arriver, descendre, devenir, entrer, monter, mourir, naître, partir, rentrer, rester, retourner, revenir, sortir, tomber,** and **venir.**

• Remember when you form the **passé composé** with a verb that uses **être,** the past participle will agree in gender and number with the subject of the verb.

      Anne **est arrivée** à 5h. Ses frères **sont arrivés** à 5h30.

---

22 Choisis la forme appropriée du participe passé pour compléter chaque phrase.

   1. Félix et Mathieu sont (descendu / descendues / descendus) à la réception.

   2. Nous avons (réservés / réservé / réservée) une chambre avec vue.

   3. Amélie est (entrée / entré / entrées) dans l'hôtel sans sa valise.

   4. Nous sommes (sorti / sortie / sortis) de l'hôtel à huit heures.

   5. Anne et Marine sont (entrée / entrés / entrées) dans le bureau de change.

   6. Marc est (partie / parti / partis) vendredi.

23 La classe d'histoire de Romain est allée à Paris. Complète l'e-mail de Romain à son frère Lucas avec la forme appropriée des verbes de la boîte.

Salut Lucas !

Nous (1) _____ (arriver) à Paris mercredi dernier. On

(2) _____ (rester) dans un hôtel près de la Seine. Tous

les élèves (3) _____ (monter) au sommet de la tour

Eiffel. Madame Chauvet (4) _____ (avoir) un petit

accident. Elle (5) _____ (tomber), mais elle va bien. Je

(6) _____ (aller) au Louvre et à la maison de Louis

Braille, qui (7) _____ (naître) en 1809. Julie et

Florence (8) _____ (partir) vendredi. Moi, je vais

rentrer demain. À bientôt,

Romain

---

24 Nicolas vient de voyager en France. Imagine où il est allé et ce qu'il a fait. Puis, écris son journal pour la dernière *(last)* journée de ses vacances.

_____

_____

_____

_____

_____

Ordinal numbers

• Some rules to remember about French numbers. **Et** is only used in 21, 31, 41, 51, 61, and 71. **Quatre-vingts** and multiples of **cent** end in **-s** <u>unless</u> they are followed by another number. **Un** changes to **une** before a feminine noun.

• Ordinal numbers are used to say *first, second, third,* etc. The word for *first* in French is **premier (première). Premier** is the only ordinal number that agrees with the noun that follows it.

• To form the rest of the ordinal numbers, add **-ième** to the end of the number. The only additional rules you need to remember are if the number ends in **-e,** drop the **-e** before adding **-ième.** If the number ends in **-f,** change **-f** to **-v** before adding **-ième.** If the number ends in **-q** add **-u** before **-ième.**

---

25 Michèle vient de gagner *(to win)* une course *(race).* Regarde les résultats et écris en quelle position chacune de ses copines a fini.

1. Chantal a fini deuxième.

2. Marion _____

3. Aurélie _____

4. Lise _____

5. Clara _____

1 - SAUVAGE, Michèle
2 - DUBOIS, Chantal
3 - GÉRARD, Aurélie
4 - VIDAL, Clara
5 - PASCAL, Marion
6 - TISSOT, Lise

26 Xavier achète quelques choses avant de partir en vacances. Écris en toutes lettres combien coûte chaque chose qu'il vient d'acheter.

1. billet d'avion / 800€ _____

2. sac de voyage / 81€ _____

3. billet de train / 235€ _____

4. sac à dos / 61€ _____